ぼくらの頭脳の鍛え方

必読の教養書400冊

立花 隆　佐藤 優

文春新書

719

ぼくらの頭脳の鍛え方——必読の教養書400冊◎目次

第一章 読書が人類の脳を発達させた

——狂気の思想、神は存在するか、禅の講話

「知」の世界への入場券

佐藤　立花さん、蔵書数はどれくらいあるんですか？

立花　地下一階、地上三階のビルを仕事場にしていますが、十年ほど前に数えたときには、約三万五千冊でした。

佐藤　ビルの外装がネコの顔になっている、「ネコビル」ですね。

立花　ええ。舞台装置家の妹尾河童さんに描いてもらった。ネコビル近辺にも本の置き場がありますす。現在の正確な蔵書数はわかりませんが、十年で倍ぐらいになっているとして、七、八万冊でしょうか。佐藤さんはいかがですか？

佐藤　約一万五千冊です。最近、箱根に二番目の仕事場をつくり、思想・哲学系の本は都内の仕事場からそちらに移しました。立花さんは毎月、本代にはどれくらい費やしていますか？

立花　これも正確には把握していません。医学書や理系の専門書などを大量に買うときは、五十万円くらい使うときもありました。しかし、それほど高くない本なら、両手で持てる重さの限界が、だいたい三、四万円でしょう。月に四回それくらいの買い出しをするとして、十数万円じゃないですか。

佐藤　私は約二十万円です。サラリーマン（外交官）時代も月十万円が本代で消えていました。

立花　二十一世紀を生きるための教養書を書斎の本棚から百冊選べということですが、百冊じゃとても足りない。千冊は挙げたいところ。

佐藤　私も千冊なら楽でした。もしくはうんと絞って五冊とか三冊とか、そのほうがかえって選びやすい。

立花　まあ、とにかく本書の読者層を想定して、選びました。叩き台にしたのは『東大教師が新入生にすすめる本』（文春新書）と『教養のためのブックガイド』（東京大学出版会）の二冊です。両方あわせて二千冊くらい紹介していますが、非常に質の高いブックガイドでした。教養書二冊といわれたらこの二冊にしますね。

佐藤　私は年齢は四十歳から五十歳ぐらいで、「教育」の現場に携わる人を思い浮かべて百冊リストを作りました。「教育」というのは学校教育だけでなく企業や役所での教育を含みます。そして「とんでもないものを紹介しやがったな。金返せ」と言われないように、念力を入れれば端から端まで全部読み通せる本を基準にしました。

立花　僕が挙げたガイトンの**『ガイトン臨床生理学』**（医学書院／立花⑰）やネッターの**『ネッター解剖学アトラス』**（南江堂／立花⑱）は医学部の教科書で分厚いから、念力でも読み通せない（笑）。**『聖書』**（日本聖書協会／立花㊵）も、一ページ目から最後のページまで通して読まなくてもかまいません。この手の本は必要に応じて部分部分を読めばいいんです。読み通す必要もないけど、持っていてときどき開く必要があるという本、資料としてもっておくべき本をかなり入れたんです。

佐藤 私の場合、神学を専攻したので、『聖書』は端から端まで読みました。それからもともとケチな性格のせいか、買った本は資料集でもすべてのページに目を通します。ところで、私は立花さんにお礼を言わなければならないことがあるんです。かつて外務省初の情報収集・分析チームを率いたとき、直面したのは、外交官試験に合格してきた連中の教養の限界でした。特にロシアと戦うチームをつくらなければなりませんから、ロシアの知的エリートと渡り合える最低限の教養を教え込まなければならない。そこで、立花さんの『ぼくはこんな本を読んできた』（文春文庫）を教科書に指定したんです。あの本には、基本書の買い方、ノートの仕方などの技法の話が書かれているからです。読みさしで「この本、ダメだな」と思っても、一応最後までページをめくれ、という指摘もありました。驚いたのですが、モサド（イスラエル課報特務庁）とか、KGBとか、対外諜報庁の連中の本の読み方、本の買い方と立花さんは一緒なんです。

立花 知識を得るための情報獲得の技術というか、必要な基礎というものがありますよね。二十一世紀はインターネット時代でもある。しかし、ネットで最先端の情報に辿り着き、わかるためには、評価が定まった基礎的な本をまず読んでおかなければならない。そうでないと、そもそも検索エンジンにどういうキーワードを入れていいかわからないはずですよ。そういった意味で**『細胞の分子生物学』**（ブルース・アルバーツ著／ニュートンプレス／立花②）などは、まさに二十一世紀のサイエンスを理解する基礎教養の一冊。アメリカの大学では文系、理系問わず、分子生物学が必修になっていますから学生がみんな読んでいます。

佐藤　知識というのは業界の常識ですが、教養は「知」の世界に入るための入場券だと思います。大事なことはいかに情報を精査するか。電話のかけ方を知らない人にとって、電話帳は情報ではありません。私は、北朝鮮における教養という言葉の使われ方を見て、教えられるところがありました。北朝鮮で「全人民の教養」「全人民のインテリ化」といったスローガンが唱えられているんですが、あそこの教養というのは何かと言ったら、要するにチュチェ思想の体系的な知識のことです。私はこれを見て、その社会で生きていくための基本的な「知」が教養なんだということがわかった（笑）。

ソクラテスは読書を否定した

立花　人間が「知」を求めて読書をすることができるようになったこと自体、人類史においてものすごい大きな進化のステージに達したということですよ。文字が発明され、文字によって知を蓄積し、コミュニケートできるようになったことで人類進化は新しいステージに達した。

佐藤　物語を暗誦する稗田阿礼《ひえだのあれ》から聞き取りをして、太安万侶《おおのやすまろ》が『古事記』を編むまでには、実は人類史的な大飛躍があるというわけですね。

立花　ソクラテスは話し言葉の世界の大家で、書き言葉を使うと人間はバカになると言っていた。文字や本を否定していたんですね。だから彼は一冊も本を書いていない。ソクラテスはプラトンの書いた対話篇の中の登場人物としてしゃべるだけ。それがどれだけリアルなソクラテスが語った本当の言葉だったか、プラトンの脚色が入った言葉だったか、本当のところは永遠にわからない。ぼくは半分くらいプラトンが脚色していると見ている。**『国家』**（岩波文庫／立花[61]）のプラトンは半分書き言葉の世界、**『形而上学』**（岩波文庫／立花[53]）のアリストテレスになってやっと完全に書き言葉の世界になったということです。

本の世界の前にははるかに時間的に長い口承・伝承の世界があった。その伝承の世界の積み重ねが文字になり、書物になった。宗教の一番古いところはみな口承文化の産物で、イスラム教の古典**『ハディース』**（中公文庫／立花[48]）や輪廻転生を説くインド哲学の古典**『ウパニシャッド』**（大東出版社／立花[43]）もそうです。

佐藤　『ハディース』には「メッセージを伝える猫」のエピソードが出てきますよね。私も猫を飼っているので興味深い。

ズーズー弁こそすばらしい

立花　『コーラン』を読むよりずっと面白い。イスラムの世界とはこういう世界かと具体的によくわかる。『ハディース』を訳した牧野信也先生は、ぼくの東大哲学科時代のアラビア語の先生なのでなつかしい。

東大本郷でアラビア語をやろうなんていう学生は五、六人ですが、いずれも面白い人たちばかりで、とりわけ記憶に残っているのは、東北出身のズーズー弁がひどい学生です。それで発音がむずかしいアラビア語がちゃんとできるのかと思ったら、ものすごく正しいアラビア語をしゃべった。英語もものすごくちゃんとしていた。彼は言語学を音声面からやっていたという学生で、聞けば、ズーズー弁は、標準日本語を「標準」にすると狂った日本語に聞こえるけど、逆にズーズー弁を「標準」にすると、標準日本語がずっとおかしいし、標準日本語の話し手に、正調ズーズー弁の発音をさせると、必ず間違えるということがわかった。イントネーションも子音、母音の発音も必ず間違える。そこがちがう、ここがちがうと細かな指摘を受けつづけるうちに、正調ズーズー弁がどれほど音声学的に微妙で豊かなふくらみをもった言語かということがわかってきた。

『ウパニシャッド』の訳というとよくインド哲学者の辻直四郎の名が挙がりますが、僕は湯田豊の全訳を挙げます。初めてサンスクリット語から全訳したのがこの本です。今日実物を持ってきたんですが、箱入りのこの本、今市場にないから古本屋で十万円です。

佐藤　十万円でも安いですね。サンスクリット語から直接訳すとなると、至難の業ですからね。

日本語がいい脳をつくる

立花　こうして口承から文字で書かれた書物の世界になるわけですが、読字、ひいては読書をすることによって人間の脳の回路はどんどん変化するんですね。人間がどの言語世界で育ってどのような文字を読んでいるかで、脳が全然違ってくる、と今読んでいる『プルーストとイカ』（M・ウルフ著／インターシフト）という脳科学の本に書かれている。日本語で育つか、中国語で育つか、英語で育つかによって脳が変わってくる。

佐藤　どの言語世界で育つかで違うんですね。読むことで脳の回路が開ける。読書とはまさに人間を作るものなのですね。私は立花さんと違いインターネットをそれほど重視しないのですが、とすればネット時代になっても、ますます紙の上に書かれた文字を読む必要性は高まるのではないですか。

立花　脳と読書・読字の相関は脳科学の世界では常識です。日本語の場合、平仮名があって、片仮名があって、漢字がある。それで音と文字と意味とがそれぞれ微妙にずれている。脳はこうしたずれがあればあるほど、その複雑さに順応するために高次の発達をとげるんです。だから日本人の脳はすごくいい脳になった。かつて日本語をローマ字にしてしまえとか、志賀直哉が「日本語を廃止して、フランス語を採用せよ」なんて言いましたが、とんでもない話です。

佐藤　そういえば、亡くなったチェコ語翻訳者の千野栄一さんの『プラハの古本屋』（大修館書店）という本の中にグルジア語の話があるんです。グルジア語の動詞って一つがどれくらい変化すると思います？

立花　どのくらいかなあ……。

佐藤　一万なんですよ。

立花　一万⁉　それはすごい。

佐藤　グルジア語を含むコーカサス諸語とバスク語だけが世界の文法構造から逸脱しているんです。脳の話でいえば、彼らには全く別の思考回路ができているのかもしれない。二〇〇八年のグルジア紛争でサーカシビリ大統領は北京五輪開幕直前に南オセチア進攻を仕掛け、ロシアとの戦争も辞さない構えを見せて世界を驚かせました。彼がグルジア語で独特の思考をしているのと関係あるかもしれない（笑）。

立花　だいたい一つの文章を読んで理解するまでに〇・五秒かかる。〇・五秒は五百ミリ秒です。今やミリ秒単位で脳を詳細に観察できますから、ある言葉を目にしたとき、脳のネットワークの中で何が起こるのか調べることができる。

以前、美智子皇后が子供たちへの絵本の読み聞かせを奨励したことがありましたよね。この読み聞かせが脳の発達にとって非常に重要だということが、先ほどの『プルーストとイカ』に書かれていません。人間にはもともと読書をする遺伝子は備わってはいない。実際、人類において書き言葉の歴史より話し言葉の歴史の方がはるかに長いんです。要するに、本の世界以前に、音声による伝承の世界がある。伝承文化が積み重なった結果として、文字文化が生まれるわけです。だから、文字を読む、本を読むための脳回路は親と教師が育てる必要があります。

佐藤　今思い出したのは、毛沢東の「書物主義に反対する」（一九三〇年五月。『毛沢東著作選』外文出版社〔北京〕、一九六七年に収録）です。彼は文化大革命のときに、民衆を愚民化して操りやすくするためにはリテラシー、読書能力を落とせばいいと考えた。本を読めば読むほど人間は愚劣になる、余計なことは読んで考えるな、まずは行動せよ、と過去の論文を取り出して説いたのです。中国のように本を読むのはエリートという伝統があるところで、読書文化を絶ち、思考する脳回路を停止させようとしたんです。

立花　毛沢東はソクラテスと同じことを言っている（笑）。小泉純一郎のワンフレーズ・ポリティクスもそれに近い効果を持ったのかもしれませんね。あるいは小泉の脳にもともと思考回路があまりなかったのか。

大東亜戦争への道

佐藤　今、ハイデッガーを読み直しているんです。リストには**『存在と時間』**（ハイデッガー著／ちくま学芸文庫／佐藤⑬）を挙げました。ただし、ドイツ語で音を出して読まないと感覚が伝わってこないんです。編集者たちに声をかけてこの感覚を味わってもらおうとしたんですが、ドイツ語だとなかなか集まらない。そこで哲学者の田邊元の『歴史的現実』（こぶし書房／佐藤⑩）を声に出して読む勉強会を開いたんです。

立花　個人の生命は有限であるが、大義のために死ねば永遠に生きる、ということを説いた本ですね。ある意味で大東亜戦争のイデオローグになった。

佐藤　そうです。目で追って読めば論理は相当怪しいのですが、声に出して読むと今の我々が読んでも「ああ、やっぱり悠久の大義のために命を差し出したい」と身体が反応するんですね。田邊元が京都帝国大学で昭和十四年に行った六回の講演をまとめたものですが、当時の京大生は、田邊の声を直接聞くことで「これだ」と直感し、本を携えて特攻機に乗っていったわけです。ですから、音の世界、声の世界に騙されないようにする、読書による知的トレーニングは現代でも必要ではないかと思いました。

立花　戦前から戦中にかけて、一般庶民から知識人まで日本人がいかに、戦争に熱中してしまったことか。特攻機に乗った日本兵のマインドはどういうものだったのか。彼らが何をどう考えて行動していたのかを理解することも、現代の教養として非常に重要だと思うんですね。

佐藤　そう思います。私は今回、本を選ぶにあたって一人につき一冊ならばどの本にするかと考えました。立花さんの作品では**『中核VS革マル』**（講談社文庫／佐藤33）が私にとってのもっともたいせつな一冊です。この本の前書きに書かれていますが、これを読んだ郵便局員が立花さんの事務所に上がり込んで、中核と革マルの内ゲバは「いったいどういうことなんですか」と話を聞いていったそうですね。そこまで人の心を動かす内容だったわけです。

しかし、もう一冊入れるとしたら『天皇と東大』（文藝春秋）なんです。これは教養の問題と昭和史の問題を見事に接合した作品です。あの本は右翼のイデオローグ、蓑田胸喜《みのだむねき》という人物の恐ろしさに焦点を当てたことに大きな意義があると思うんです。これも今では忘れられてしまった人ですが、大東亜戦争のイデオローグの一人。イデオローグというより煽動家と言ったほうがいいかも知れません。

立花　佐藤さんが挙げている蓑田の**『国防哲学』**（慧文社／佐藤45）、昔は古本でしかなかったんです。紙がひどい紙で……。

佐藤　それが二〇〇七年、蓑田の著作集で刊行された。立花さんが甦らせたんですよ（笑）。

蓑田は、雑誌「原理日本」を主宰して、天皇機関説の美濃部達吉や、左派学者の滝川幸辰、大内兵衛を批判して、彼らが大学から追放されるきっかけを作りました。

上杉慎吉と北一輝と天皇

立花　思想などと言えるものではないのですが、ああいう人が大東亜戦争に至る過程で、大きな影響力を持ったことを忘れてはいけません。僕のほうは、蓑田胸喜の先生である上杉慎吉の**『國體精華乃發揚』**（洛陽堂／立花⑲）を入れました。蓑田より高級です。上杉は美濃部とともに、東大法学部の憲法学教授で、二人の講座は競争講座として、学生はどちらかを選ぶことができた。「天皇は国権の最高機関である」とする美濃部の天皇機関説に対して、上杉は天皇主権説。二人は天皇機関説論争で激しく対立しますが、大正デモクラシー時代は美濃部説が学界でも一般社会でも優勢だったのに、昭和初期にデモクラシーが劣勢になっていくにしたがって、次第に天皇主権説が優勢となりました。岸信介などがその時代の変わり目にいた上杉の弟子です。上杉の文章というのはなんともいえない独特なパワーがあるんです。こんなくだりがあります。

「天皇の主権者に存しますは我が國體なり、（略）天皇の主権者たるは我が帝国組織の根本たり、（略）天皇は大日本をしろしめすすめらみことなり、統治者なり、万機悉《ことごと》く天皇に出づ、主権は一人に存す、天皇と主権を分《わか》ち、又は之《これ》を制限する者あることを容《ゆ》るさず、天皇の主権は固有なり、天祖自ら定めて主権者たり、他人の意思に基づき、人民の委託を受けて主権者たるに非《あら》ず、天皇は純一にして欠くるなきの主権者なり。

日本臣民は天皇に服従するを以て其《その》本分と為《な》す、臣民の天皇に服従するは國體なり」

大日本帝国憲法時代の日本について頭でわかっているつもりでも、実感としてよくわからないところがあったんですが、これを読むとわかるんですね。当時のエリート学生が彼にすごく動かされたのもわかる気がする。読んでいるうちに右翼になりますよ、心情的に（笑）。あの時代の連中はそういう言葉の情念パワーを持っていたんですね。

リストには入れませんでしたが、皇国史観最大のイデオローグだった平泉澄が子供向けに書いた『物語日本史（上・中・下）』（講談社学術文庫）あたりを読むと、かつての日本人が一体何を考えていたのか、というのがよく分かる。

佐藤　今、立花さんが読まれた上杉慎吉の文を聞いて、ネオプラトニズムの流出論を思い出しました。すべては一者である天皇から流出している。ところで立花さんのリストには、北一輝の**『日本改造法案大綱』**（『北一輝著作集』みすず書房所収など／立花⑱）も入っています。

立花　安田財閥の安田善次郎を暗殺したテロリスト、朝日平吾の「死ノ叫声」（みすず書房『現代史資料』所収）を当初は入れていたんですが、やむなく百冊から外しました。あれもすさまじい言葉のパワーがある。朝日平吾が書いたことになっていますが、資料をつき合わせると、どう考えてもあれは北一輝が書いている。あれだけの文章を書ける人はそういません。

『資本論』を最初に訳した男

佐藤　朝日平吾はゴロツキの類ですからね。もっともゴロツキであるが故に、その思想には迫力がある。

立花　彼は事件の直前、北一輝の家に行って、血染めの服を渡している。北一輝はそれを大事に保存するんです。後に北一輝の弟・北昤吉が北一輝執筆説を否定しますが、根拠がないんですよ。北一輝の朝日平吾に対する思い入れを見ても、あの文章を読んでも、あれは北一輝が書いたのに間違いないと思います。

佐藤　国家社会主義者の高畠素之は**『幻滅者の社會觀』**（大鐙閣／佐藤㊽）で、安田善次郎の死は当然とされる一方、ほぼ同時期に暗殺された首相の原敬はなぜ同情を集めたのか、と問う。根本的に考えれば、一財閥の長も、首相も、資本主義の論理にしたがって行動していたという意味では、両者とも同じである。高畠にとっては二人とも「資本主義発展の為めの偉大なる犠牲者」。社会の格差を是正し、民衆の不満を解消しなければ、必然的にテロは起こる。だから、国家の介入が必要だと説いた。

立花　高畠素之はマルクスの**『資本論』**（岩波文庫／佐藤56）を最初に完訳した人ですよね。
佐藤　そうです。わが同志社大学神学部の先輩（中退）で、ものすごく不思議な男です。『資本論』を訳したのに、「俺は共産主義には反対だ」という姿勢で、マルクス主義を紹介していました。「批判的」と断り書きを入れることによって、当時禁書とされていた『共産党宣言』まで紹介した。高畠は、反語法をたくみに用いて無政府主義運動をすればよいということを書いているのに、当局はこれを読んで、当局の見解を実によく理解している。右翼的でよい評論家だという評価を受けるんですね（笑）。
先ほどの田邊元の危険性について警鐘を鳴らしていたのは、武市健人。昭和十八年に出版された**『歴史存在論の研究』**（桜井書店／佐藤20）は、「国のために死ぬな、生き死にの原理は自分がよく考えて、教養で決めろ」と唱えているんです。武市もマルクスについて直接触れず、ヘーゲルを扱いながらも実質的にはマルクスについて書きました。この本は当時で八千部も出ているんですね。検閲官の中にも理解を示した奴がきっといたということでしょう。こういった、戦前の極めてユニークな知性については知っておきたいところですね。

和式便所と『國體の本義』の関係

佐藤　それから**『國體の本義』**（文部省教学局／佐藤38）も外せない。

立花　ああ、『國體の本義』もあの時代、戦争に向かっていく日本を知るためにぜひ読むべきです。『國體の本義』は、美濃部の天皇機関説問題が起きて、国家のあらゆる営為はそれを通じて國體を明らかにするという明確な方向づけをもってなされねばならないとする「國體明徴運動」の広がりの中で、文部省自らが國體とはそもそも何なのかを明らかにするために出したパンフレットですが、何人かの右翼系国粋主義的学者の共同執筆です。中心的執筆者の一人が橋田邦彦で、彼は当時東大医学部の教授であるとともに、文部省の思想視学委員をつとめ、同時に一高の校長も兼任していた。昭和十五年から近衛内閣、東条内閣で文部大臣になり、終戦後戦犯に問われ、GHQへの出頭を命じられると、

「今回戦争責任者として指名されしこと光栄なり、さりながら勝者の裁きにより責任軽重を決せられんことは、臣子の分として堪得ざる所なり、皇国国体の本義に則り茲《ここ》に自決す」

との遺書をのこして服毒自決をとげた人です。この人は、生理学者であると同時に禅の研究、道元や中江藤樹の研究者でもあり、これまでの西洋科学思想一辺倒の科学を廃して、科学と東洋思想を融合させた新時代の科学を築くべしととなえ、当時大きな影響力を持った人です。代表作に『行としての科学』という著書がある。読んではいませんが、タイトルを聞いただけで、彼のいっていることがわかるような気がする。やっぱり科学は、「行として」やるようではいけないでしょう。

佐藤　『國體の本義』は文部省が広く国民に読ませるために作成したもので、國體明徴運動で日本が狂った方向に行く集大成的な文章に見られがちですが、私は根がひねくれているせいかそうは思えないんですよ。

戦後、大宅壮一が「筆のちんどん屋」と評した中山忠直という早稲田出身の評論家に『日本人の偉さの研究』（章華社、一九三一年）という大ベストセラーがあるんです。もともと報知新聞に連載していたものなんですが、『國體の本義』と同じ頃、第二版が出た。ここで中山は、我々は日本人の偉さというのを欧米追随で忘れている。特に日本人が偉いというのは便器の形にその特徴がある。椅子に座るような便器じゃなくて、踏ん張る形だから腰の力がつく。腰に力がつくので、白人と喧嘩をしたときにも勝つ、として、日本人の強さの研究だと真面目に言っているんです。これが当時の雰囲気でした。

立花　そういえば、そのころ、昭和三年、七年、十一年のオリンピックで、織田幹雄、南部忠平、田島直人が三段跳びで、三大会つづけて金メダルを獲る。あのとき言われたのは、やはり日本人と便所との関係で、屈んで脚の筋力がついたからバネがついたんだという話でした（笑）。

佐藤　しかし、三段跳びで和式便所の効果がてきめんでも、便所で踏ん張っているだけの精神論では戦争に勝てない。零戦も大和も作れないわけですよ。だから日本のエリート官僚たちは、西洋的な科学技術思想と矛盾しない形の國體思想をつくらなければヤバイと考えて、オリンピックの翌年に『國體の本義』をまとめた。この本は一種の官僚文書なんじゃないかと思うんです。『國體の本義』は精神論を説きながら、実は科学精神が大事なんだと言っているんですよ。

立花　戦争中の日本を支配していた思想が、いかなるものだったのかは、ぜひ教養として知って欲しい。いまの日本人にどんどんわからなくなってきているのは困ったことです。

佐藤　戦争中に読まれていた本を、戦後、多くの出版社が絶版にして、「なかったこと」にしてしまった。いい本がたくさんあったんですが。

裸踊りするカリスマ

立花　佐藤信淵という江戸時代後期の思想家が書いた『混同秘策』という本は、昭和十年代の日本で盛んに読まれました。天皇が世界の頂点に立って世界を変革するという八紘一宇という思想がありますが、この発想の根源は、佐藤信淵なんです。それが大東亜共栄圏の根本思想になったわけです。

佐藤　明治維新のイデオロギーの一角を担った水戸学は、立花さんにとって非常にご縁が深い。

立花　ああ、そうですね。水戸学は、皇室の尊崇と大義名分の尊重を基礎に、尊皇攘夷と倒幕、大政奉還の理論的枠組みを作った。水戸の志士たちは大きな犠牲を払ったにもかかわらず維新後、権力を失って、薩長を中心とする新政権から排斥された。これを恨みに思っている水戸人は多いんです。僕自身、水戸で育ったからよくわかる。

佐藤　水戸学の流れを汲む橘孝三郎という思想家もいる。五・一五事件に参加して、無期懲役を言い渡されました。立花さんの親族ですよね。

立花　ええ。正確には父親の従兄です。僕も子供のときに会ったことがあります。白髪の老人で、本に埋もれて生活していました。一族の中で僕は「孝三郎にいちばん似ているのはお前だ」って言われてるんですよ（笑）。

佐藤　橘孝三郎は、権藤成卿や井上日召らとも付き合いのあった農本主義者。彼らの思想が血盟団事件や五・一五事件、二・二六事件を理論的に支えました。

立花　井上日召は、奇怪なカリスマ的人物ですね。若くして満州、中国に渡り、右翼の大陸浪人として合法・非合法の境界領域で種々の危険で怪しい活動をしたあと、帰国すると突然宗教的覚醒を体験し、茨城県大洗の立正護国堂の僧侶になってしまった。付近の青年の精神的指導者となり、一年に満たない間に、彼らに暗殺まで決意させた。

佐藤　周囲から「和尚」と呼ばれて親しまれながら、裸踊りをしてみせ、相手が自分を本当に信頼しているか、小馬鹿にしているかを見抜く。不気味な人間ですよ。私は、農本主義と、それに基づく権藤成卿の社稷《しゃしょく》国家論に注目しているんです。

立花　「社」は土地の神、「稷」は五穀豊穣の神を表します。社稷を祀《まつ》ることを中核に形成された自治的社会こそ、農村社会の基礎である。官僚国家体制を破壊して、人間社会の基本である自治的社会を復元しようという思想ですね。

佐藤　つまり社稷とは、上から暴力によって押しつけられた支配者の国家ではなく、土地と結びついた祭祀共同体を基礎にする下からの国家です。私はこれを現代に甦らせる必要があると思っているんです。

立花　さあ、それはどうですかね。権藤の社稷国家論というのは、要するに、近世以前の日本のムラ社会では、どこでもムラの鎮守さまを中核としたムラ祭り共同体としての自治社会が自然に成立していたのだから、官僚・財閥・政党・重臣などが結託して生みだした、諸悪の根源たる近代国家システムを全部解体してしまえば、そのあとに、古代理想社会的な社稷自治社会が自然発生的に再生するにちがいないから、すべてはそれにまかせればよいといういい加減な理論です。あのころの右翼は、みな現体制をテロ、クーデターなどの強硬手段でぶっつぶすところまでは真剣に考え、ある程度実行にも移したが、そのあとどうするかは真剣に考えていない。近代をつぶせば理想の天皇と結びついた古代理想国家が再生すると根拠もなく信じていた。一種のユートピア思想なんです。

歴史はつねに反復するということを教養として知っておくべきなんです。あの戦争を起こした右翼の連中が狂っていたように、戦後史においても連合赤軍のような極左過激派の思想や、オウム真理教のような宗教にまで、狂った思想がたびたびあらわれた。同時代の歴史だけを記憶していては、危険な歴史が反復しうることを見破れない。

ヒューマニズムは危険だ

佐藤　それで立花さんはネチャーエフの**「革命家の教理問答書《カテキズム》」**（『バクーニン著作集』白水社ほか／立花74）をリストアップしているのですね。ネチャーエフの革命思想というのは、破壊の哲学ですからね。建設は次の世代に任せて、我々は破壊だけやると。白水社の『バクーニン著作集』の付録にある外川継男訳のものは非常に名訳で、一番の流布版です。

立花　あのカテキズムをそのまま取り入れたグループが、戦後最大の爆弾テログループ「狼」だった。ひたすらなる破壊主義は血盟団とも通底している。テロリスト的革命運動の原点はネチャーエフにある。人間は右も左も全く理解不能なほどに狂うことがあるんです。そういう狂い方をきちんと知るために、他にたとえばヒトラーの**『わが闘争』**（角川文庫／立花30）ですとか、ホロコーストを知る文献として**『SHOAH（ショアー）』**（ランズマン著／作品社

／立花31）、**『ニュルンベルク・インタビュー』**（ゴールデンソーン著／河出書房新社／立花32）、そして日本の右翼思想の文献を入れたんです。

共産主義思想へつながるトマス・モアの**『ユートピア』**（岩波文庫／立花71）や二十世紀から二十一世紀の世界の具体的なあり方に影響を与えたハックスリーの**『すばらしい新世界』**（講談社文庫／立花95）も誤りの思想史として重要です。狂った政治思想はみなユートピア思想から生まれている。政治の基本は、ユートピアなんてものはないし、作ろうとすれば逆ユートピアを生むだけだったという歴史の現実を直視するレアリズムの認識から出発すべきです。

佐藤　私もユートピア思想には反対なんです。日本ではこの思想がヒューマニズムという形で甦ってくる可能性がある。実はヒューマニズムというのは危険な思想なんですよ。人間なんていうのは何をしでかすか分からない生き物なんだから。ヒューマニズム＝人間中心主義というのは非常に危ない思想だと思うんですね。それで務台理作**『現代のヒューマニズム』**（岩波新書／佐藤24）を挙げました。

立花　社会改造思想の根本的な間違いの源流をたどると、プラトンの『国家』に行き着く。プラトンの『国家』がいかにこの現実世界の歴史において悪をなしてきたか、を実に見事に論じたのが佐々木毅の**『プラトンの呪縛』**（講談社学術文庫／立花62）です。「ナチスの全体主義も、プラトンの焼き直しで生まれた現実社会である」と言っている。

佐藤　なるほど。

拘置所のお隣は連赤犯人

立花　連合赤軍事件については、永田洋子の**『十六の墓標』**（彩流社／立花75）を入れました。思想に殉じることの危険性を知るべきだ。

佐藤　永田洋子さんと一緒だった連合赤軍の坂口弘さん、私が拘置所にいたとき隣の房だったんですよ。

立花　エッ、そうなんですか。どんな話をしたんですか。

佐藤　通声禁止ですから言葉は全く交わせない。

立花　ヤクザ映画にあるみたいに、運動場でコソコソッと会話することもないんですか。

佐藤　それもできませんでした。というのも、坂口さんは死刑囚ですし、私の場合、知能犯で罪証隠滅をいろんな方法でする恐れありということで、接見等禁止措置（接禁）がつけられました。接禁がつけられると弁護士以外とは面会や文通はもちろん、新聞も読めないという特殊な処遇がなされるのです。本の購入も認められません。弁護士からの差し入れならば検閲後、認められます。運動場も天井までがコンクリートになっていて、上が網になっている個室運動場でした。

立花　しかしどうして隣が坂口だと分かったんですか？

佐藤　週に一、二回、その部屋にビデオ付テレビが入ることがあったんです。私は普段はテレビを観ませんが、あるときどうしても観たくなった。それで看守に頼んでみたんです。そしたら看守はこっそり私の部屋に入ってきて鍵をかけてから言ったんです。「本当は伝えたらいけないんだけど、テレビは確定者のみ。そう言えばわかるでしょう」と言って出ていった。拘置所で刑が確定すると、その日のうちに丸坊主にされて刑務所に送られるのが普通です。確定者にもかかわらず、拘置所に残っているのは死刑囚だけなんです。そこでまず死刑囚だということがわかった。

ある日、隣の部屋のヒゲ剃りが間違えて入ってきたんです。見ると「三十一房　坂口」と書いてあった。これは間違えてじゃなくて、わざと看守が教えてくれたんじゃないかと今でも思っているんですが。

立花　なぜ看守が……。

佐藤　信頼関係があった。隣の部屋を覗いたらいけないんですが、風呂に行くときに見えるんです。それで見てみると、彼の部屋には一メートルくらいの高さの書類束があった。普通の人は独房内に保管できる書類の数量が制限されていますが、彼には制限がない。もう三十年ほどそこに入っているから、それくらいの高さになっていたんです。それから、ペン画で描いた絵がありました。多分、妙義山だと思います。連赤のアジトがあったところ。

立花　ほぉー。

佐藤　私の前の独房には、一審で死刑判決を言い渡されて控訴中の男が入っていました。それで、二人殺したんだけど、二人目のときは殺意はなかった、という話を延々と一人でしゃべるんです。ある夜、その彼がプラスチックの食器を壁にぶつけながら、「死にたくねえよー」と大暴れしたことがあったんです。そのとき坂口さんは「そんな話は昼間裁判所に行ってしろ。先生（看守）たちに迷惑をかけるんじゃない」と一喝した。深夜、拘置所の幹部が、坂口さんの房に来て、深々と頭を下げて「ありがとうございます」と礼を言っていました。坂口さんは、「あの人、そろそろ限界だと思います。医療房に移した方がいいんじゃないですか」と言いました。しばらくして医療担当の職員が担架で前の房の人を連れ出していきましたよ。

坂口さんの声には、一言の無駄がないし本気で出しているという迫力がありましたね。拘置所の秩序維持のために一生懸命やっているんです。きっと革命運動も、組織や周囲のことを考えながらやっていたのでしょうね。カッコつけてとか恩赦を期待しているとかではなくて。拘置所のなかではいわばエリート的な存在でした。坂口さんには威厳がある。また確定死刑囚は一般の未決囚よりも待遇もいいですしね。我々はカンロ飴しか買えないけれども、死刑囚はライオネスコーヒーキャンディーを買うことができる。あるとき坂口さんのゴミ箱にライオネスコーヒーキャンディーの包み紙が落ちていたのを見て、すごく欲しくなったことがありました。

立花　彼はかなり本を読んでいるんですか。

佐藤　ものすごい量です。拘置所の中では午後一時十五分くらいに本を運んでくる台車のガラガラという音が聞こえてくるんですね。そうするとみんな、誰がどんな本を読んでいるか覗いて見るわけですよ。圧倒的多数は極道雑誌の「実話時代」（笑）。あとは犯罪小説やヤクザものやエッチな漫画。だけど坂口さんは哲学や歴史だとか真面目な本を取り寄せていましたね。私がハバーマスを読んでいたところ、その一～二週間後に弁護士を通じて彼もハバーマスを差し入れてもらったりしていました。

立花　そうするとリストに挙げてあるような本は拘置所には入ってこない？

佐藤　いや、エンデの**『はてしない物語』**（岩波少年文庫／立花97）だけありました。

立花　佐藤さんは監獄のなかで何冊読んだんでしたっけ。

佐藤　五百十二日間で二百二十冊読みました。もう一回入ったら、今度はもう少し効率的にきちんと本を読みます。あそこは読書にはよい環境です。

立花　ハハハハ。

禅問答は複素数的

佐藤　立花さんはかねてより、古典を読むことにエネルギーをかけちゃいけない、それなら読むべきは最新の科学技術系のものだ、と言っていますね。

立花　だから古典的名著はうんと少なくしてある。しかし禅問答の古典『臨済録』『無門関』などは今なお面白い。僕が入れたのは柴山全慶の**『無門関講話』**（創元社／立花㊻）。全部で四十八問答。各問、解釈部分が長くて、オリジナル部分はせいぜい十行かそこら。「犬には仏性があるでしょうか」「ない」とか、その短い問答が頭をギリギリまで使わせる思いがけない展開になる。

佐藤　禅の原型だと「維摩経」なんでしょうね。驢馬が井戸を見ているということは、井戸が驢馬を見ているということなんだ、というような。

立花　たとえばこの三問目が「倶胝竪指《ぐていじゅし》」という公案なんですが、倶胝和尚は誰から何を問われても、ただ指を一本立てるだけだった。ある人が、和尚のお弟子さんに、「あなたの師匠はどんな禅を説かれますか」と聞いたところ、お弟子さんは、指を一本立てた。まねしてみせるわけですよね。その話を聞いた和尚は、たちまちその弟子の指を切っちゃった。弟子が苦痛に号泣しながら走り去ろうとしたとき、和尚が「待て」と声をかけた。弟子がこっちを振り返ると、和尚は、指を一本立てた（笑）。こういう話なんです。

要するに禅問答というのは、言葉の次元で解決できない話を一瞬にして日常言語の世界とは違うカテゴリー世界に置きかえて答えてしまう。数学で言うと、複素数の世界で答えを出すみたいなものですよ。普通の数学というのは二次元の数理平面上の操作ですが、複素数を導入すると普通の数理平面では見えない隠れた次元が見えてくる。このあいだノーベル物理学賞を取った小林誠さんと益川敏英さんの「小林・益川理論」というのがあるでしょう。あれは複素数の空間で答えを出しているんです。

佐藤　複素数は二乗するとマイナスになる虚数を含んだ面の数のことですよね。よく情報の世界の人間にからかわれました。「外交において日本は複素平面に存在しているような国だ。普段は見えないんだけど、何か見えるときには二乗されて必ずマイナスになってくる」と(笑)。

立花　数学っていまものすごく幅が広くなってますから、全体的に誰も論じられない。それぞれの分野でそれぞれの数学が必要な時代になっているんです。**『数学――その形式と機能』**(ソーンダース・マックレーン著／森北出版／立花51)という本は、ありとあらゆる領域の数学の本質部分をものすごくうまく解説してあるんで、全体像を基礎的に把握するのにいちばんいい本です。

佐藤　ものを論理的に考える上で数学は非常に重要ですね。私もいま勉強し直しているところです。

ウェーバー『職業としての政治』の本質

立花　今、日本の政治は混迷を深めていますが、マックス・ウェーバーの**『職業としての政治』**（角川文庫／立花64）を挙げました。これは訳によって一番大事なところの訳語がズレている。どの部分かというと、政治で一番大切なのは目で距離を測ること、目測能力だと言っているところ。「目測」という訳語がいちばんしっくりくるんですが、そう訳されていないものが多い。この政治における目測の重要性をちゃんと分かって引用していたのが中曾根康弘です。

佐藤　ああ、中曾根さんは宰相の条件としてよく言っていますよね。目測力、結合力、説得力って。

立花　そうなんです。彼は政治をやってきた人間として、政治的現実の中で目測で距離を測ることがいかに大切かを肉感的に知っているわけです。

佐藤　私も**『職業としての政治』**（岩波文庫／佐藤37）を入れましたが、まさしくそうですね。ロシア人によく橋本龍太郎元首相の距離感覚について聞かれました。橋本さんは剣道をやっているから、距離感覚が独特だと。うんと親しくなったかと思うと、次に会うときには遠くなったような感じがする。人間関係の間合いが彼独自のものだったんですね。日本国内で友達が少なかったのも、そういう距離感覚についていけない人が多かったからじゃないかな。

立花　剣道では相手の剣の切っ先を見切ることが大事なんです。相手の切っ先の限界より踏み込むと危険だから、その限界を見切る能力が一番の根本なんですね。先ほどの目測力は、この見切りの能力と同じことです。

佐藤　対してプーチンは柔道ですから、政治家でいえば組み付き型なんでしょう。だからこちらもまずは向こうの理屈に従って、組んでみなければなりません。

マルクスに立ち返れ

佐藤　先ほど歴史の反復の話が出ましたが、世界的な経済危機によってこれから恐慌が起こるかもしれないという今こそ、教養としてのマルクス主義、マルクス経済学の意義は大きいと思うんです。

立花　ですが、マルクス思想については、もう学ぶべき対象ではないでしょう。僕も**『共産党宣言』**（マルクス、エンゲルス著／岩波文庫／立花[73]）を入れているけれど、これは歴史的資料として一読すべきというまでのことです。ある時代、世界の歴史や日本の歴史がこういう思想によって動かされた事実がある、ということを知るためのあくまで参考資料だと思っています。

佐藤　それは私も同意します。社会主義理論を説いたマルクスはいらないと思っています。しかし、**『資本論』**（岩波文庫／佐藤56）の論理については現在も有効だし、きちんと理解しておく必要があると思います。資本主義の根本、たとえば商品同士の交換から貨幣を媒介した経済になり、貨幣さえあれば欲望は充足できますよ、でも貨幣が自己増殖していくととんでもない地獄絵が待っていますよ、ということを示しているという点では、『資本論』は今でも読む価値がある。サブプライムローン問題は、複雑な金融工学に基づく証券化商品を媒介にして、マネーの暴走を生み出しました。人間が貨幣を管理、統制することなんかできない。資本主義はつねに暴走の危険にさらされている、とマルクスはそう見抜いていたんです。

一昔前の法学部、経済学部の学生たちは、否応なしに、マルクス経済学を勉強せざるを得なかった。その結果、彼らは資本主義の限界、金融工学によって市場を操作することはできないことを頭に刷り込まれました。ところが私以下の世代の人たちは、非常に単純化したモデルでしか世界を理解していない。すべて金融工学的に処理できると思っているんですね。世の中を操作するには、せめて検察の国策捜査くらい上手な方法を使わないといけないんですが（笑）。

立花　マルクスの言っていたことの相当部分は間違いだったけれど、『資本論』の一部分は再び甦ってきて、学習しなおすべき側面もあるかもしれませんね。アメリカのような、政府の市場介入を極端に嫌ってきた国が、この事態を迎えて、公的資金の注入など全く逆のことをやっている。冷戦以後の市場原理主義、新自由主義の流れは、ここへきて、大きな転換点に差し掛かっているわけですね。僕は新自由主義を改めて考えるうえで必須のハイエク**『自由の条件』**（春秋社／立花65）とポパー**『開かれた社会とその敵』**（未来社／立花66）を入れました。

佐藤　ポパーは反証主義ですね。まず相手の議論を全部聞いてから、具体的実証的に反論するという。これはディベートでの重要な手続きですね。

私はヒックスの**『価値と資本』**（岩波文庫／佐藤59）を挙げます。新自由主義を把握するには、これがいちばん総合的なんじゃないかと思ったんです。市場における均衡ということを、数学的にみんなが納得できるように書いているんですね。新自由主義の原型の原型が示されている。

立花　リストに入れませんでしたが、この金融危機を見るうえで一番面白いのはジョージ・ソロスの『ソロスは警告する』（講談社）です。彼の言ったとおりの展開が今起きています。彼はポパーの「究極の真理は理性によって到達しえない」という主張の影響を強く受けていて、いまの経済理論はすべて間違いであると主張する。自分は従来の経済理論によらない独自の判断をしてきたから、常に市場で勝ち続けてきたと主張する。

佐藤　マルクスからソロスまで名前が出たわけですが、この世界的な経済危機の時代は、資本主義とは何なのかと根本から問い直す契機であるのかもしれません。根源に立ち返って現実を直視する教養が問われているのです。

キリスト教を信じるか

立花 ところで佐藤さんは神様を信じているんですか。

佐藤 それはもう、熱心な信者です。

立花 どういう神様ですか。

佐藤 キリスト教の神です。第三者的に突き離して見ると、プロテスタントのカルヴァン派の影響下にあります。やはり親から枕もとで囁かれていた物語から人間は抜け出せないんです。カルヴァン派では、神によって救われる人の名前はあらかじめ天国のノートに書かれているのだから、この人生でつらい目にあってもそれは関係ない。救われるか否かはあくまで神が決めること。もう一つ、カルヴァン派は知に対して怠惰であってはならない。これは罪になるんですよ。好奇心が出てきたらそれを解明するのは神の栄光のためなんですね。だからカルヴァン派はよく本を読む。立花さんにとって神はどういう意味をもちますか?

立花 洗礼とかは受けていませんけど、両親は熱心な無教会派のキリスト教信者ですから、子供の頃には影響を受けました。アンチ教会主義ですから一切の権威を否定し、すべての教派の組織的教えを否定する側です。僕自身はたぶんイスラエルに行く前まではキリスト教を信じはしないけどよきものと思っていた。

三十歳過ぎて、イスラエルへ行ってエルサレムとその周辺を徹底的に自分の足で回りました。一ヶ月以上かけて聖墳墓教会ですとか主要なところを見ているうちに、自分の知っているキリスト教と全然違うな、と気がついた。我々の知っているキリスト教というのは西欧伝来のものですよね。でもイスラエルで見たのは東方教会の影響が圧倒的な、もっと原始的なものでした。抽象的な神様の世界じゃないんだ、もっと宗教というのは土着的な怪しげな世界のものなんだと実感したのです。

佐藤　そうなんです、キリスト教は全部土着のものなんです。純粋で抽象的なキリスト教というものはない。そのことを教えてくれたのが魚木忠一の**『日本基督教の精神的伝統』**（大空社／佐藤[17]）です。魚木は戦前・戦中に有名だった同志社の神学者です。私はこれで日本にキリスト教が必要じゃない理屈が分かったんです。日本人は『古事記』のような独自の創造神話を持っている。だからキリスト教的な論理を受け容れなくても、近代に対応できたんです。それにしても、立花さんはカルヴァン派的だなあ。セックス関係のスキャンダルはお持ちじゃないでしょう。

立花　ハハハ、どうかなあ。

佐藤　それから蓄財傾向がないでしょう。迷ったら書籍は買う。

立花　ええ、買います。

佐藤　そして真理に対しては狂ったように立ち向かっていく。自分の知ったことは人に伝えるために書きたくなる。苦しいことへの耐性はあるんだけれども、決定的な過ちを犯したときに筆を折るとか、草庵にこもるとか、そういう反省機能がない。

立花　たしかに（笑）。

佐藤　これはカルヴァン派の特徴ですよ。

神は収縮して存在する

立花　キリスト教は、パウロ以後、変化しましたね。パウロはもともとパリサイ派で、キリスト教を迫害する側にいた人物ですが、ダマスカスに行く途上で神の声を聞いて、改心した。それから異邦人伝道に尽力して、キリスト教を世界宗教にした最大の貢献者となった。ところが、パウロ自身は、イエスに会ったこともない。パウロが、頭の中で考え出した観念的な教義が現在のキリスト教のオーソドックスな教えの骨格になっていますが、それは原始キリスト教とはかなり異なった教義だった。

佐藤　おっしゃる通りです。キリスト教の教祖はイエス・キリストですが、開祖はパウロですね。イエス自身は自分をキリスト教徒とは考えていなかった。

立花　**『原典　ユダの福音書』**（日経ナショナルジオグラフィック社／立花㊷）を読むと、初期キリスト教の原思想状況がわかる。伝統的なキリスト教のイメージとかなりかけ離れた神学世界があったことがわかります。

佐藤　ユダの福音書は、神学の世界では、今世紀最大の発見といえると思います。何しろ、イエスを銀貨三十枚でローマ帝国の兵士に引き渡した裏切り者だと思われていたユダが、「イエスを引き渡したのは、イエス自身の言いつけにしたがったものだった」というのですから。

「イエスの幼年物語」（『聖書外典偽典　新約聖書外典』教文館に収録）も面白い。イエスはすでに幼稚園ぐらいのときに、川で水を塞き止めて十二羽のスズメの模型をつくって、それに生命を吹き込んで空に飛ばす奇跡を起こしたそうです。でも、だんだん素行が悪くなってくる。道ですれ違ってドンと肩が当たった相手に「死んでしまえ」と言ったら、相手が死んでしまう。学校の先生を論破する。呪いをかけて人を殺す。怒った父ヨセフが耳を引っ張って叱ったら、逆にヨセフを脅し上げてしまう。ところが十二歳のお宮参りする頃になると、神の啓示が降りてきてよいことだけをする人間になったという。グノーシス派の文章を読んでいるとキリスト教の原型がよく分かりますね。

立花　正統な「新約聖書」「旧約聖書」には収録されていない伝承部分を集めたのが、偽典、外典ですね。パウロ以前、初期キリスト教の原思想状況を知るには偽典、外典を読むことが必須です。

佐藤　私は、実はパウロ派なんです。学生時代にカール・バルト**『ローマ書講解』**（平凡社ライブラリー／佐藤32）をテキストとした弁証法神学の訓練を受けたからです。弁証法神学はパウロ的です。

立花　神の存在はどう説明するんですか？

佐藤　説明自体を拒否する。神学を系統的に学んだ人間はずるいから、二重の逃げ道を見つけているので、神の存在について、全然矛盾を感じないんですね（笑）。一つはシュライエルマッヘル**『宗教論』**（岩波文庫／佐藤25）に書かれていることですが、宗教の本質は直観と感情であるとして、天にいる神を心の中に持ってきた。

もう一つは、ユダヤ教の秘密の教えであるカバラ思想の「神の収縮」という概念です。

立花　収縮？

佐藤　ユダヤ・キリスト教文化圏では、「善である神が世界を創造したのに、現実世界には悪が存在する。仮に神が悪を創造したとするならば、悪に対する責任を負わないことをどう説明するか」という難問が存在します。これを神学の世界では「神義論」または「弁神論」と言います。もし神が悪を作ったんなら、スピノザの汎神論は汎悪魔論になってしまうという疑念が生じてくる。アウグスティヌスの「悪は善の欠如にすぎない」という説明がありますが、アウシュビッツや広島・長崎への原爆投下のような悲惨な出来事は、善の欠如としては説明できない。そこをうまく逃げて、神に悪の責任を取らせずに現実の悪を説明する「神義論」説きに使われているのが「神の収縮」という概念なんです。

どういうことかというと、全能の神は、初めは全世界に満ち満ちているのですが、あるとき気まぐれに収縮してしまう。神が収縮した後に残された空間が物質の世界で、そこでは世界は唯物的に、つまり「力の論理」で動く。そこで一部の人間が恣意的に振る舞うので悪が生まれるわけです。一方、神が収縮して内在している世界は厳粛に存在しているのですから、ここまでを含めて考えるのならば、神は存在する。従って、唯物論的な「この世界」と神の存在が矛盾することなく説けるのです。

平たく言うと、神というのは縁（えにし、えん）みたいなものです、今日、こういった形で立花さんとお会いしたのも何かのご縁です（笑）。

『蟹工船』ブームに異議あり

佐藤　私は大学で神学部に入って、古典を勉強しなければならなかった。そのためには膨大な時間とエネルギーが必要とされます。小説を読むのはそれ以来後ろめたいものがあるんです。役に立つかどうかという観点から小説を読む、しかも隠れて読むという悪い癖がついているんですよ。だからいい小説読みではないのですが、ちょっと前の『蟹工船』ブームには異議ありです。プロレタリア文学というならば、小林多喜二より、葉山嘉樹です。『蟹工船』はプロットが葉山の『海に生くる人々』（岩波文庫）のパクリなんですよ。今だったら盗用問題になって訴訟になっているかもしれない。『蟹工船』は近代文学以前の政治的プロパガンダ文章の類で、作品としてはとんでもないものだと思う。読書リテラシーが落ちているからこんなものが売れるんです。プロレタリア文学ならば同じ葉山の**『セメント樽の中の手紙』**（角川文庫／佐藤66）や『淫売婦』（『セメント樽の中の手紙』角川文庫に収録）を読むとプロレタリア文学の面白さと功利性がわかります。私は結果として労働問題をカリカチュア化してしまう蟹工船ブームについては怒っています（笑）。

立花　僕は大学生のときの読書の八〇パーセントが小説だったんです。ところが文藝春秋に入社したせいで小説を読むのをやめてしまった。最初の配属が「週刊文春」だったんですが、当時の上司に「おまえ、小説ばっかり読んでちゃダメだぞ」と言われて、小説以外の本をドサドサと買い込んで読み始めたんです。そしていかに自分がモノを知らなかったか痛感しました（笑）。フィクションよりリアルな現実のほうがはるかに面白い。それ以来小説から離れました。

佐藤　立花さんのリストに挙がっているものは大体、社会人になるまでに読んだ文学書なんですね。

立花　そうですね。挙げ出すときりがないんですよ。**『アーサー王物語』**（マロリー著／筑摩書房／立花82）はヨーロッパ文化を貫く一つのカルチャー源として読んでおく必要があると思いますし、**『変身物語』**（オウィディウス著／岩波文庫／立花81）もギリシア神話全体を知っておくうえで一番情報量があるということで入れた。近松や朔太郎、芭蕉はどれか一作品を挙げることはできませんが、日本語としてすばらしい。日本語の魅力を知るためにもこの三人の作品は読むべきです。埴谷雄高さんとは個人的お付き合いもありましたし、**『死霊』**（講談社文芸文庫／立花94）は個人的な思い入れから入れました。

三島『憂国』は友情の物語

佐藤　私が本当に好きなのは泉鏡花なんです。**『夜叉ケ池・天守物語』**（岩波文庫／佐藤73）を入れましたが、現代作家では坂東眞砂子さんが、泉鏡花にすごく近いなと思っているんです。現代作家で入れたのは坂東さんの**『死国』**（角川文庫／佐藤72）、それから団鬼六さんの**『花と蛇』**（太田出版／佐藤76）です。

立花　なんで団鬼六なんですか。

佐藤　これは人間の妄想を描いた傑作なんですよ。日本人の妄想とか思考というものが凝縮されている。妄想というものは官能の世界だけで留め置かなければならない。国際社会とか政治の世界に妄想は持ち込めませんからね。だから小説の中で純粋に結晶化されるべきなんです。そうしないと先ほど言った狂気の思想が生まれます。

政治と小説もそうです。小泉純一郎さんが山本有三が戯曲にした『米百俵』（新潮文庫）を持ち出して「痛みを伴う改革だが、これに耐えることが、将来の利益になる」と物語を政治に組み込もうとしたでしょう。私は小説や漫画はあくまで娯楽だと考えていますから、一定の線を引く必要があると思うんです。内政は麻生太郎前首相が『ゴルゴ13』のデューク東郷並のキャラ立ちを意識して、外交は小林よしのりさんの『ゴーマニズム宣言』で組み立てられちゃやはりまずいでしょう（笑）。

立花　**『花ざかりの森・憂国』**（新潮文庫／佐藤[84]）が入っていますが、三島由紀夫がお好きですか？

佐藤　いや、嫌いなんです（笑）。『憂国』は友情に飢えている人の物語だと思うんです。

立花　友情？

佐藤　ギリシア語で言うエロースでも、アガペーでもなく、フェロース、友情の世界の物語だと思うんです。二・二六事件に決起する仲間から、「新婚だから」と言われて仲間に加えてもらえなかったと男は思っているんですが、本当は重要人物ではなかったから声をかけられなかったんですね。しかし、男は友情の中に入りたい。自分が死んだ後に、奥さんにも自決してくれと頼むのは自分を信頼しているかどうか確認するためです。しかも「お前と一緒に冥土に現れたら、仲間たちも驚くだろうな」と言わせているように、三島は明らかに肉体の復活を信じている。非常に欧米を意識して、英訳されることを想定して書かれた作品のように私には見えます。三島のそういう過剰な右翼性が面白いと思うんです。

私はこういう過剰なものが面白いと思うと同時に、大嫌いなんです。ドストエフスキーの**『カラマーゾフの兄弟』**（光文社古典新訳文庫／佐藤74）も大嫌いなんです。あんなに神様の名前が沢山出てくるということは、本人が神様を信じていないからですよ。

立花　『静かなるドン』で有名なショーロホフの**『人間の運命』**（角川文庫／佐藤70）が入っていますね。

佐藤　これはほんとうによい作品です。スターリン批判の年に書かれました。ドイツで捕虜になった経験のある兵士が孤児を拾って育てる。彼らと、川で船を待っていたコミッサール（人民委員）が会話を交わすんですが、ソルジェニーツィンより面白いですね。当時、ドイツの捕虜になった人は一人残らず強制収容所に入れられました。この小説は、強制収容所のことは一言も触れないで、強制収容所に送られたことがわかるようになっているんです。

立花　ほぉー。

佐藤　ゴールズワージーの**『林檎の木』**（角川文庫／佐藤71）は、残酷なほどの恋愛物語です。

イギリス人のエリートが、旅行中に知り合ったウェールズ系の女の子と結婚するつもりだったのに、「やっぱり出身階級が違うから、結婚できないな」と別れて別の人と結婚した。それから二十五年後の銀婚式の日、奥さんと歩いていたときに、ある自殺者の墓を見つけた。それが前に引っかけたウェールズ系の女の子の墓だった。男は、エウリピデスの『ヒッポリュトス』を引用して、「俺はなんて悲劇の男なんだろう」と回想するわけです。自分の加害者性は全然自覚していない。典型的なイギリス人エリートの発想ですね（笑）。

宮崎駿の最高傑作は？

立花 リストに「外務省の病理を知るためには最適」と書いてある、高柳芳夫の**『影を裁く日』**（講談社文庫／佐藤[79]）というのはどんな小説なんですか。

佐藤 高柳さんは外務省出身ですが、これはものすごい作品です。省内では「この作品は読まないように」と御触書が回ったくらいですよ。サミット後の打ち上げの席で外務省の欧州局長が殺されるという筋書きの推理小説で、大使館のいろんな恨みつらみや、銀座のホステスと外務官僚の絡みという、八割がた本当の話を書いてしまっている（笑）。在職中、とんでもない上司がぶっ殺される小説を書いたため睨まれ、研修所送りになってしまうのですが、そこでもめげずにすごい研究をしていましたね。江戸川乱歩賞を獲って外務省を辞められました。

立花　佐藤さんに至るまでの、外務省トンデモ人脈みたいのが延々とあることが分かりました（笑）。

佐藤　そうです。外務省は実に人材が豊富なんです。官僚組織を煮詰めると軍隊になります。五味川純平の**『人間の条件』**（岩波現代文庫／佐藤67）は、陸軍という官僚世界の縮図を描いています。面白いなと思ったのが、主人公の名字が「梶」なんだけれども、下の名前が全編通して出てこないことです。

立花　どういうこと？

佐藤　軍隊、官僚、国家は、名字しかない世界なんですね。官僚時代に僕も経験しています。日常的に接触しているはずなのに名が思い出せない。あいつの下の名前ってなんなんだろうって。それから官僚には二種類しかないということも描かれています。下級公務員としていじめ抜かれる側になるか、そうでなければ人をいじめる側になっていく。この世界では、どっちしかない（笑）。

立花　『人間の条件』が発表されていた頃、僕はもう小説を読まなくなっていた。だから小林正樹監督の映画でしか知らないけれど、よくできていました。

佐藤　私も観ました。条件つきですが、小説よりうまいところもあるかも知れません。

立花　これからは、映像や画像でしか得られない教養というものも注目されていくんじゃないかと思っています。

佐藤　それでリストに宮崎駿の**『風の谷のナウシカ』**（徳間書店／立花100）があるんですね。

立花　これは映画ではなくて漫画の完全版（全七冊）をぜひ読んで欲しい。宮崎監督の最新作「崖の上のポニョ」の子ども向け路線とは一線を画すのが、それより前に作られた「もののけ姫」「千と千尋の神隠し」。これらの路線にあるのが「風の谷のナウシカ」なのですが、宮崎監督の作品のなかでも群を抜いてすごい。それでも、漫画の完全版と比較したら映画のナウシカなんて小指の先くらいの存在です。特に最後のほうのエピソードには従来の宮崎駿像をぶちこわす重量級の思想が出てくる。宮崎監督に「あれは映画にしないのか」と尋ねたけれども、「できない」との返事でした。

佐野洋子の**『100万回生きたねこ』**（講談社／立花99）は絵本ですが、これも絵でなくては語れないものがある。佐野さんは本当に独特の人だと思いますね。絵本ではないのですが、最近出された『シズコさん』（新潮社）という本では、認知症になったお母さんとのドロドロの愛憎関係をさらけ出して書いています。

インターネット時代の読書

佐藤　二十一世紀の教養ということで言えば、どうしてもインターネットとの比較が問題になってくると思います。

立花　ネット空間にも、本になっているものより水準の高い論文などが山のようにあります。ただ、そういう水準のものに出会う確率は相当低い。グーグルでキーワードを入れて検索するにもやはり基本的な教養が必要です。

佐藤　おっしゃる通りです。その教養はやはり本からですね。また情報をインプットするという意味でも、私は紙媒体のほうがいいと思います。頭に入りやすい。私は情報屋ですから資料も何も持たないで、どれだけインプットできるかが勝負なんです。今日の対談にも、立花さんはたくさん本を持って来られたのですが、私がほとんど何も持っていないのは、情報屋の感覚がまだ残っているからなんです。情報の世界で最後に勝負するときには、紙も何も持っていないですから。私の場合、インターネットだったら紙から吸収する情報量の二十分の一くらいしか入ってきませんね。やはり紙をペラッ、ペラッとめくらないと入ってこない。

立花　ただ、今の若い世代はインターネットに脳が順応しているわけです。もう、我々の想像を絶するスピードで検索していきます。

佐藤　でも検索するにしても、発光体のディスプレイを見るわけですから、限界があるんじゃないですか、肉体的に。本は十数時間ぶっ続けで読んでも平気ですが、ネットは真剣に見ていると三、四時間で頭が痛くなってくる。

立花　インターネットの場合、バーッと流して見ていって、探している単語なりが引っかかったらそれでいいわけです。インプットではなくてスループットの検索。今の若い人たちのなかからは、われわれが考えられないくらいスループット能力に優れている人も出てきているかも知れません。

佐藤　そうなのでしょうね。インターネットと比較して本の秀れたもう一つの重要な点は、本は編集過程で編集者による選別が行われていることです。それがネットの玉石混淆の情報とは決定的に違う。私は紙媒体の本の意義は、ネットが発達すればするほど高まると思います。

立花　読書にしろネットにしろ、学ぼうとする人たちの、知へのモチベーションは益々上がってきている気がします。今、セカンドステージといって、現役を引退したシニアの人たちのクラスを大学でもって講義をしているんですが、死ぬ前にこれだけは勉強しておきたいという意気込みがすごいです。

佐藤　私も一年に一度だけお手伝いしている四十代から五十代前半を対象にした学校があるんですけどね、みんな意欲があって前のめり。いい意味で脂ぎっていますよ（笑）。

立花　これから大事なのはそういった知へのモチベーションをいかに高められるか、ということでしょうね。

佐藤　日本人よ、世界同時不況だから大いに本を読もう、と私は言いたいですね。今、我々は歴史の転換点に立っているのですから。

ブックリスト1

知的欲望に満ちた社会人へ〈書斎の本棚から二百冊〉

立花隆選・書斎の本棚から百冊

●生命科学

1 **『二重らせん』** ジェームス・D・ワトソン 講談社文庫
DNAの発見物語。ここからバイオの世紀がはじまった。

2 **『細胞の分子生物学』** ブルース・アルバーツ ニュートンプレス
現代の生命科学の基礎。アメリカの大学の標準教科書。

3 **『数値でみる生物学』** R・フリント シュプリンガー・ジャパン
ビックリの数値データばかり。面白クイズが山ほど作れる。

4 **『パワーズ オブ テン』** P・モリソンほか 日経サイエンス
宇宙の構造からDNA、素粒子の世界まで、すべて一目で一挙にわかる自然科学基礎篇。

●物質科学

5 **『ファインマン物理学』**　ファインマン　岩波書店
世界で最も読まれている物理学の基礎。名講義録。

6 **『元素111の新知識』**　桜井弘編　講談社ブルーバックス

7 **『生命元素事典』**　桜井弘編　オーム社
以上の二冊は座右において常に参照すべし。

●地球科学

8 **『宇宙をかき乱すべきか』**　F・ダイソン　ちくま学芸文庫
二十世紀を代表する知的巨人の自叙伝。宇宙論。技術論。

9 **『全地球史解読』**　熊澤峰夫・伊藤孝士・吉田茂生編　東京大学出版会
地球の全体像をあらゆる角度から分析。

10 **『古代文明と気候大変動』**　B・フェイガン　河出文庫
文明がこれほど気候と密接に連動していたとは。文明の未来はどうなるか。

●現代科学論

[11] **『神は妄想である』** リチャード・ドーキンス 早川書房

「神は人間が作った妄念」でないと思っている人は必読。

[12] **『科学革命の構造』** トーマス・クーン みすず書房

科学とは何かを知るための古典的名著。

[13] **『心の社会』** マーヴィン・ミンスキー 産業図書

人間の精神世界（マインド）は多様なエレメントで構成された一つの社会である。

[14] **『人類最後のタブー』** リー・M・シルヴァー ＮＨＫ出版

日本人に多い反バイオテクノロジー心情の持主にはショックかも。

●心理学

[15] **『ユング自伝』** ユング みすず書房

ユングのどんな学問的著作より面白い。

16 **『元型と象徴の事典』**　ベヴァリー・ムーン編　青土社
ユングを読んでもわからないアーキタイプとシンボル作用が多彩な図版を見ることで一挙に理解。

●生理学

17 **『ガイトン臨床生理学』**　ガイトン　医学書院
18 **『ネッター解剖学アトラス』**　ネッター　南江堂
以上の二冊、人間を真に知るための基礎知識。まずは人間肉体のメカニズムを知らなければ。

●死

19 **『人間臨終図巻』**　山田風太郎　徳間文庫
ありとあらゆる有名人の死に方。
20 **『死ぬ瞬間』**　キューブラー・ロス　中公文庫
人間の死について書かれた最も有名な本。

●人類史・文化人類学

21 **『図説　人類の進化』**　デビッド・ランバート　平凡社

人類進化史のすべてをわかりやすく図解。

22 **『人間はどこまでチンパンジーか？』**　J・ダイアモンド　新曜社

23 **『ヒトは食べられて進化した』**　ドナ・ハート、R・W・サスマン　化学同人

24 **『ヒトはいかにして人となったか』**　T・W・ディーコン　新曜社

以上三冊、タイトル通りの内容。

25 **『ヒトの変異』**　アルマン・マリー・ルロワ　みすず書房

人間のさまざまな奇形がわからないと人間の正常がわからない。ヒトはかくも変異する。

26 **『心の先史時代』**　スティーヴン・ミズン　青土社

人間精神の多くの側面が先史時代に起源を持っている。

27 **『神の仮面』**　J・キャンベル　青土社

28 **『金枝篇』**　フレイザー　ちくま学芸文庫

以上の二冊は文化人類学の古典中の古典。

●二十世紀の歴史

29 **『20世紀全記録』**　講談社

座右に置くべき一冊。

30 **『わが闘争』**　ヒトラー　角川文庫

31 **『SHOAH（ショアー）』**　ランズマン　作品社

32 **『ニュルンベルク・インタビュー』**　ゴールデンソーン　河出書房新社

以上の三冊、ナチズムに支配されたあの異様な時代がわからないと現代は見えてこない。

33 **『人類、月に立つ』**　アンドルー・チェイキン　NHK出版

アポロ計画の全容。人類がはじめて地球生物の枠の外に。

34 **『ベスト&ブライテスト』**　ハルバースタム　朝日文庫

二十世紀ジャーナリズムの一つの頂点。ベトナム戦争とケネディ政権の裏の裏。

●日本近現代史

35 **『米欧回覧実記』** 久米邦武編 岩波文庫

日本の近代は明治の指導者たちのこの一大見学旅行からはじまった。

36 **『西園寺公と政局』** 原田熊雄 岩波書店

37 **『原敬日記』** 原敬 福村出版

38 **『回想十年』** 吉田茂 中公文庫

39 **『昭和史の天皇』** 読売新聞社編

以上の四冊、現代史は生資料を読むことで学べ。

●基礎的古典

40 **『聖書』** 日本聖書協会

41 **『旧約聖書略解』** 日本基督教団出版局

旧約は注釈があってはじめてわかる。

42 **『原典 ユダの福音書』** 日経ナショナルジオグラフィック社

新約聖書の読み方が全く変ってくる。

43 **『ウパニシャッド』**　湯田豊訳　大東出版社

サンスクリット語からの直接訳である湯田訳で。

44 **『ブッダ　悪魔との対話』**　岩波文庫

45 **『中国古典名言事典』**　諸橋轍次　講談社

中国古典のすべてがこの一冊に押しこめられている。

46 **『無門関講話』**　柴山全慶　創元社

本文参照。

47 **『イスラーム神秘主義聖者列伝』**　アッタール編　国書刊行会

イスラム神秘主義を知らないとイスラムを知ったことにならない。

48 **『ハディース　イスラーム伝承集成』**　牧野信也訳　中公文庫

『コーラン』を読むより面白く、イスラム教を具体的に理解できる。

49 **『歴史』**　ヘロドトス　岩波文庫

歴史はここからはじまった。

●数学

50 **『オイラーの贈物』** 吉田武　ちくま学芸文庫
$e^{i\theta} = \cos\theta + i\sin\theta$　人間の作った最も美しい数式といわれるオイラーの公式。

51 **『数学――その形式と機能』** ソーンダース・マックレーン　森北出版
あらゆる領域の数学を解説。基礎的な良書。

52 **『ガロアの生涯』** インフェルト　日本評論社
群論を作った若すぎた天才の死。

●哲学

53 **『形而上学』** アリストテレス　岩波文庫

54 **『パンセ』** パスカル　中公文庫

55 **『方法序説』** デカルト　岩波文庫

56 **『ツァラトゥストラ』** ニーチェ　中公文庫

57 **『永遠平和のために』** カント　岩波文庫ほか

58 **『論理哲学論考』**　ウィトゲンシュタイン　岩波文庫ほか

59 **『プラグマティズム』**　W・ジェイムズ　岩波文庫

53～59誰でもこれくらいは手に取るべき。

60 **『新しい学』**　ヴィーコ　法政大学出版局

デカルトに対抗して書かれた全く独自の哲学。

●政治学・法学

61 **『国家』**　プラトン　岩波文庫

社会改造思想の間違いの源泉。

62 **『プラトンの呪縛』**　佐々木毅　講談社学術文庫

プラトンの『国家』への解毒剤。

63 **『君主論』**　マキアヴェッリ　岩波文庫

64 **『職業としての政治』**　ウェーバー　西島芳二訳　角川文庫

政治家に必要な目測力。本文参照。

65 **『自由の条件』**　ハイエク　春秋社

66 **『開かれた社会とその敵』** ポパー　未来社

以上の二冊、新自由主義を考える上で必須。

67 **『アレオパジティカ』** ミルトン　岩波文庫

言論の自由の本当の意味。

68 **『コンメンタール篇　日本国憲法』**（『法律学体系』所収）　宮澤俊義　日本評論社

他に佐藤功、芦部信喜など、定評ある憲法注釈書とともに憲法全文を読むべし。

69 **『正義論』** ロールズ　紀伊国屋書店

正義とは何か。古くて新しい問題を論じて二十世紀に衝撃を与えた。

70 **『エリック・ホッファー自伝』** エリック・ホッファー　作品社

一生沖仲仕をしながら最高の政治哲学を書いたアメリカの哲人。

●共産主義思想

71 **『ユートピア』** トマス・モア　岩波文庫

共産主義思想へつながる古典。

72 **『国家と革命』** レーニン　ちくま学芸文庫ほか

73 **『共産党宣言』**　マルクス、エンゲルス　岩波文庫
ある時代、歴史がこういう思想によって大きく動かされていたことを知るために。

74 **『革命家の教理問答書《カテキズム》』**　ネチャーエフ（『バクーニン著作集』白水社などいろいろあり）
破壊主義革命運動の原点。

75 **『十六の墓標』**　永田洋子　彩流社
連合赤軍事件。思想に殉じることの危険性を知るべき。

●日本思想

76 **『言志四録』**　佐藤一斎　講談社学術文庫
江戸時代の儒者の本。四十代から八十代にかけて書いた。年代によって内容が大きくなっていく。

77 **『西郷南洲遺訓』**　岩波文庫
西郷の遺した言葉が時代をこえて日本を撃ちつづけた。

78 **「日本改造法案大綱」**　（『北一輝著作集』みすず書房所収など）　北一輝
秘密出版版と伏せ字だらけの公刊本をあわせ読むべし。

79 **『國體精華乃發揚』** 上杉慎吉　洛陽堂
「國體」とは何かがこれほどわかる本はない。

●世界文学

80 **『オイディプス王』** ソポクレス　岩波文庫ほか
81 **『変身物語』** オウィディウス　岩波文庫
82 **『アーサー王物語』** マロリー　筑摩書房
83 **『ガルガンチュアとパンタグリュエル』** ラブレー　ちくま文庫
84 **『赤と黒』** スタンダール　新潮文庫ほか
85 **『マルテの手記』** リルケ　岩波文庫ほか
86 **『闇の奥』** コンラッド　岩波文庫
87 **『魔の山』** トーマス・マン　新潮文庫ほか
88 **『審判』** カフカ　新潮文庫ほか
89 **『北回帰線』** ヘンリ・ミラー　新潮文庫
80〜89まあ、最低こんなところを。

90 **『荒地』**　T・S・エリオット　大修館書店
できれば英語で読むかせめて対訳本で。

●日本文学

91 **近松門左衛門**

92 **松尾芭蕉**

93 **萩原朔太郎**

以上三人の著書、日本語の持つパワーと美しさと日本人の情念世界を知るために。

94 **『死霊』**　埴谷雄高　講談社文芸文庫
個人的な思い入れもある一冊。

●ファンタジー・SF

95 **『すばらしい新世界』**　ハックスリー　講談社文庫
現代社会のあり方に大きな影響を与えた。

96 **『2001年宇宙の旅』** アーサー・C・クラーク　ハヤカワ文庫SF
これはキューブリックの映画のほうがよい。
97 **『はてしない物語』** ミヒャエル・エンデ　岩波少年文庫
98 **『タイムマシン』** H・G・ウェルズ　角川文庫
以上の二冊は活字で読むべし。映画はナンセンス。
99 **『100万回生きたねこ』** 佐野洋子　講談社
同じ佐野洋子作品では母親との愛憎関係を書ききった『シズコさん』も凄い。
100 **『風の谷のナウシカ』** 宮崎駿　徳間書店
全七巻の完全版を漫画で読んでほしい。映画版はその冒頭に過ぎない。

佐藤優選・書斎の本棚から百冊

●宗教・哲学についての知識で、人間の本質を探究する

1 **『聖書』（新共同訳）**　日本聖書協会

ユダヤ・キリスト教世界の内在的論理を知るための必読書。聖書にはいくつかの翻訳があるが、カトリックとプロテスタントが共同して翻訳した本書がもっとも流通している。訳文も読みやすい。本格的にキリスト教を勉強したい読者には旧約聖書続編と引照がついた版をお勧めする。

2 **『コーラン』**　岩波文庫

有名ではあるが読まれていない本の一つ。岩波文庫の井筒俊彦訳が読みやすい。唯一神アッラーがユダヤ・キリスト教の神と異なることを理解すれば、世界の読み解きが容易になる。ユダヤ教、キリスト教、イスラームの神は同一という俗説から離れることが必要だ。

3 **『精神現象学』** ヘーゲル　平凡社ライブラリー

『精神現象学』で展開されている弁証法は終わりのない運動である。努力して真理をつかんだと思っても、その限界が直ちに明らかになる。そして、その限界に挑んであらたな真理を探究する旅が始まる。ヘーゲル哲学の魅力が本書に凝縮されている。

4 **『唯物史観の原像』** 廣松渉　三一新書

故廣松渉氏のテキストは、漢和辞典を引かないとわからない難解なものが多いが、本書は高校生でも通読することができる平易な記述になっている。疎外論から物象化論へという廣松氏のマルクス解釈は仏教的伝統に立つものであるというのが評者の見方だ。

5 **『純粋理性批判』** カント　岩波文庫

立花氏との間で、その現代的意義について大いに議論となった本。確かに相対性理論以降、ニュートン力学のパラダイムに立つカント的な時間、空間概念を前提とすることはできない。しかし、現実の国際政治はまさにニュートン力学的な勢力均衡モデルで成り立っている。同様にカント的世界観が、現在も圧倒的大多数の人々の常識を形成しているので、『純粋理性批判』に目を通しておく意味があると評者は考える。

6 **『人間的自由の本質』** シェリング　岩波文庫

ヘーゲルがこつこつと一歩ずつ進んでいく努力家だとすると、シェリングは物事の本質を瞬時につかんでしまう天才肌の哲学者である。「無底」（底なしというイメージで表される境界線）というキーワードで、神なき世界の神がどこにいるかを明らかにしようとする。

7 『論理哲学論考』 ウィトゲンシュタイン　岩波文庫

藤原正彦氏が『国家の品格』（新潮新書）で取り扱ったのと同じテーマを、論題方式で示している。当初、ウィトゲンシュタインは本書で哲学の全ての問題を語り尽くしたという自信をもっていた（後に撤回する）。「語り得ぬことについては沈黙しなくてはならない」というウィトゲンシュタインの立場に評者も賛成する。

8 『存在の分析〈アビダルマ〉』 櫻部建・上山春平　角川ソフィア文庫

日本人の大多数が統計上は仏教徒であるにしても、仏教の教学（ドクトリン）について、あまりに無知だ。仏教の宇宙観、存在論を理解するために本書は最適だ。高校の倫理・社会の教科書を消化していれば、十分に理解できる内容である。

9 『はじめての唯識』 多川俊映　春秋社

多川俊英師は、奈良の興福寺貫首であるとともに優れた仏教学者だ。ユング心理学にも通じる唯識思想をわかりやすく説明する。人間は誰も自らの記憶（無意識のものを含む）というアーラヤ識の考え方は、ユングの深層心理分析に通じる。心理学に関心がある人は本書に是非目を通してほしい。

10 **『歴史的現実』** 田辺元 こぶし書房

一九四〇年に総力戦を前提として、個々人の生命は有限だが、悠久の大義のために生命を捧げれば永遠に生きることになると田邊元が京都帝国大学の学生に説いた当時のベストセラー。学徒出陣兵が本書を抱いて特攻に出撃したと言われている。岩波書店から刊行されたが、戦後、同版元からは刊行されていない。岩波書店の戦争責任を考える上でも重要な資料である。

11 **『世界史の哲学』** 高山岩男 こぶし書房

世界史が複数存在することを明瞭に説明する。二〇〇八年九月のリーマン危機以降、米国の一極支配が崩れつつある状況で、多極化世界を理解するための基本書。一九四二年に岩波書店から刊行された大東亜共栄圏を思想的に正当化する書。

12 **『認識と関心』** ハーバーマス 未来社

客観的と思われる認識に潜む落とし穴をみごとに解明している。ドイツ観念論の病的な言語で書かれているので、いきなり読むと面食らってしまうが、『岩波哲学・思想事典』をそばに置いて、わからない術語について事典を引きながら五十頁くらいまでをていねいに読めば、あとは自ずから理解できるようになる。大学時代の長期休暇のときに是非格闘してほしい作品である。

13 **『存在と時間』** ハイデッガー 細谷貞雄訳 ちくま学芸文庫

『存在と時間』は、幾通りもの解釈が可能だ。一つの翻訳だけで読むと理解が偏ってしまう可能性がある。岩波文庫の講義調の桑木務訳に対し、細谷貞雄訳は論文調である。両者をあわせて読むことでハイデッガーの思想が立体的に見えてくる。

⑭ **『問題集』** アリストテレス 岩波書店

一般にはほとんど無視されている著作であるが、「小便は時間が経つとより臭くなるが、糞が臭くなくなるのはなぜか」などという命題にアリストテレスが大まじめに取り組んでいる。実験という発想がなかった時代の人間の知的営為の不思議さがよくわかる。

⑮ **『神学・政治論（上・下）』** スピノザ 岩波文庫

神学と哲学を分離した画期的な書。汎神論の立場から啓示を否定する。そして、聖書はテキストとしてのみ読まれ、解釈されるべきという立場で、宗教批判を行う。この手法は近代聖書神学にとりいれられた。スピノザの手法が、結果として啓示の主体としての神を神学者が見出す道ぞなえをした。逆説の面白さが凝縮された作品。

⑯ **『単子論』** ライプニッツ 岩波文庫

「モナド（単子）には、出入りする窓がない」という謎めいた定義で、個性を尊重しながら世界が調和する様子を描いた名著。米国の一極支配が崩れて、ヨーロッパやロシアが多極化世界を構築しようとしているが、このような考え方の基礎にモナドロジー（単子論）がある。

17 **『日本基督教の精神的伝統』** 大空社 魚木忠一

原著は一九四一年に刊行されたが、決して時局迎合的な安直な内容ではない。キリスト教を特定の文化と同一視せず、日本類型という形でのキリスト教形成を説いた名著。キリスト教の強みが土着化する能力にあることがよくわかる。

18 **『ユダヤ教入門』** N・デ・ラーンジュ 岩波書店

幅広い潮流にわたるユダヤ教をわかりやすく説明している。ユダヤ教のカバラー思想をわかりやすく説明している。神が外部からこの世界を創造したという発想ではなく、神が自発的に収縮することによって発生した空間をわれわれが創造ととらえているという視座の転換に知的刺激を受けた。

19 **『宗教からよむ「アメリカ」』** 森孝一 講談社選書メチエ

どの国家にも、当該国家を成り立たせる基本原理(日本の伝統的言葉で言う國體)がある。アメリカ合衆国を成り立たせているのが、ユダヤ教とプロテスタンティズムから抽出された一神教的な「見えざる国教」であるという仮説には説得力がある。米国について論じる際の基本書。

20 **『歴史存在論の研究』** 武市健人 桜井書店

故武市建人氏は、ヘーゲル弁証法研究の第一人者である。太平洋戦争中の一九四三年にヘーゲルの言葉で、実質的にはマルクスについて語っている。田邊元の言説を紹介する装いで、「国のために死ね」という論理に歯止めをかけた勇気ある書。知識人は時代状況に応じて巧みに変装しなくてはならないということがわかる。

21 **『フランス革命についての省察』**　バーク　岩波文庫

保守主義者の聖典とされている本だが、バークの保守主義は産業資本主義と親和的で復古主義ではない。理性の限界と寛容、多元主義の重要性がよくわかる。イギリス宗教改革をきちんと理解しておかないとバークの保守主義は理解できない。

22 **『なぜ私は生きているか』**　J・L・フロマートカ　新教出版社

ヨセフ・ルクル・フロマートカは評者がもっとも尊敬する神学者である。いくら高邁な理想があっても、それが現実に生かされないならば、何の意味もないと考える。イエス・キリストを信じる者は、誰よりも現実を正確に理解することができるとのフロマートカの認識は正しいと思う。

23 **『負け犬の遠吠え』**　酒井順子　講談社文庫

酒井順子氏の文章は、歯切れが良く、明晰であるとともにユーモアのセンスがある。三十歳以上、独身、子なしの女性は、全て負け犬で、それ以外の女性はすべて勝ち犬であるという定義を導入し、同一律・矛盾律・排中律を見事に駆使して完璧な論理を打ち立てる。論理とは何かを知るためにも重要な本。

24 **『現代のヒューマニズム』** 務台理作 岩波新書

故務台理作氏は、ヒューマニズムに対して積極的かつ肯定的な意味を付与している。同時にヒューマニズムの意義と限界をしっかりおさえている。ヒューマニズムと啓蒙主義が表裏一体の関係にあることがよくわかる。同時に務台氏のようなヒューマニストの視点からだと、アドルノとホルクハイマーが警告した「啓蒙の弁証法」は理解できないということも、見えてくる。

25 **『宗教論』** シュライエルマッヘル 岩波文庫

シュライエルマッハーは、カント、ヘーゲルに劣らない影響を十九世紀のドイツ思想界に与えたにもかかわらず、日本ではその影響が過小評価されている。もっとも西田幾多郎、大川周明のような優れた思想家は、シュライエルマッハーの『宗教論』の影響を強く受けている。「宗教の本質は直観と感情である」と定義することによって、神の場を、形而上的な天から心の中に転換した近代の思想的起源を画する書。

26 **『認識の対象』** リッケルト 岩波文庫

法則定立的な自然科学と個性記述的な精神科学（人文科学、社会科学）の区別はリッケルトをはじめとする新カント派の哲学者たちによって組み立てられた。学問とは何か、真理とは何か、について考える場合の基本書。

27 **『歴史主義とその諸問題』**　エルンスト・トレルチ　ヨルダン社

歴史実証的にキリスト教が他宗教と比較して優れているということは言えないと喝破した名著。トレルチは、マックス・ウエーバーに強い影響を与えたが、日本ではその意義が過小評価されている。西欧文明の限界を西欧の論理で描いたところが肝。

28 **『キリスト教史』**　藤代泰三　日本YMCA同盟出版部

同志社大学神学部の教授をつとめた藤代泰三氏がディルタイの解釈学の方法に従って書いたキリスト教史。神学生時代、評者はこの本でキリスト教に関する基礎知識を叩き込まれた。一冊でキリスト教の基本知識が身につく便利な本。

29 **『第四の人間と福音』**　ヨゼフ・スモリック　日本YMCA同盟出版部

神を必要とせず、自立した人間によって成り立つ現代世界においてキリスト教がどのような意義を持つかについて二十世紀神学者の言説を比較しながら論じた名著。スモリークはチェコのプロテスタント神学者で、フロマートカの高弟。神学の立場から近代の限界について論じている。

30 **『「現代」への哲学的思惟　マルクス哲学と経済学』**　滝沢克己　三一書房

宇野弘蔵の経済哲学を、神学の立場から考察している。きわめて難解な文体であるが、ていねいに読んでいけば意味を正確に把握することができる。恐慌が不安の構造から生まれることを見事に解明している。

31『**ムッソリーニ**』　ロマノ・ヴルピッタ　中公叢書

ヴルピッタ氏は一切の偏見を排して、ベニト・ムッソリーニとファシズムについて等身大の記述を試みている。ムッソリーニが古典と哲学に通じた知識人で、ファシズムが国家の介入によって資本主義的格差の拡大を是正する福祉国家的発想をもっていたことがよくわかる。また、初期のイタリア・ファシズムには、ナチズムのような反ユダヤ主義もなかった。ファシズムのあやしい魅力が伝わってくる。

32『**ローマ書講解**』　カール・バルト　平凡社ライブラリー

人間が神について語ることではなく、神が人間について語ることに虚心坦懐に耳を傾けるべきであると説き、シュライエルマッハー以降の十九世紀自由主義神学と訣別した画期的著作。「不可能の可能性」という形で神学を再編した現代神学の基本書。ハイデッガーの存在論哲学を先取りしている。

●政治・国家についての知識で、世界の現実を知る

33『**中核VS革マル**』　立花隆　講談社文庫

憎み合い、殺し合っている新左翼両派の文献を徹底的に読み込んだ上で、直接取材を行いまとめた第三者ノンフィクションの傑作。絶対に正しいことを信じる左翼思想の陥穽を見事に解明。また、内ゲバの影に国家権力があるという分析も秀逸。

34 **『世界共和国へ』**　柄谷行人　岩波新書

カントの説く統整的理念を二十一世紀に生かそうとする意欲的な著作。政治の世界で、大きな夢をもつことの必要性を強調している。本書を読んだ後に『定本柄谷行人集3　トランスクリティーク－カントとマルクス－』（岩波書店）に取り組むと、理解が深まる。

35 **『三つの会話』**　ソロヴィヨフ　刀水書房

トルストイ型の絶対平和主義の欺瞞を徹底追究する。日本が朝鮮半島、中国、モンゴルに進出し、チンギスハーンの帝国を再編し、キリスト教世界と戦うという黄禍論の基礎となった「反キリスト物語」が面白い。ただし、日本の指導者が反キリストなどではなく、日本の勢力をヨーロッパから駆逐し、現れる英雄が反キリストなのである。

36 **『マルクス主義と民族問題』**　スターリン　国民文庫（大月書店）

本書でスターリンが行った「民族とは、言語、地域、経済生活、および文化の共通性のうちにあらわれる心理状態、の共通性を基礎として生じたところの、歴史的に構成された、人々の堅固な共同体である」という定義は、マルクス主義陣営のみならず、知的世界全体に強い影響を与えた。民族問題について考察する場合の必読書。

37 **『職業としての政治』** ヴェーバー 岩波文庫

有名であるが、実際には読まれていない本の一つである。本文で立花氏と論じたが、本書の肝は政治における「目測」の重要性を指摘したこと。民主党の若手国会議員には目測がよくわからない競争好きが多い。これでは政治の世界で長生きすることができない。

38 **『國體の本義』** 文部省教学局

誤解されているテキストの一つ。一般に國體明徴運動の結果生まれた日本を戦争に導いた理論書と見られているが、そうではない。神憑《かみがか》り的国家主義思想を排そうとした官僚の思想が端的に現れている。西洋の科学技術の成果を摂取して高度国防国家を建設するために日本国家のドクトリンを追究した書。

39 **『ゴルバチョフ回想録』** ミハイル・ゴルバチョフ 新潮社

ゴルバチョフ自身は改革を行って、社会主義体制を強化し、ソ連国家を強国にすることを意図していた。しかし、その意図に反して改革が国家を内側から崩壊させていく歴史の弁証法が興味深い。小泉改革により日本国家が弱体化したことと二重写しになる。

40 **『復興亜細亜の諸問題』** 大川周明 中公文庫

二十世紀にアジアを欧米列強の植民地支配からどのようにして解放するかという問題意識に

貫かれたアジア諸国情勢の分析。ソ連の中央アジア政策について、マルクス主義の観点からではなく、民族解放を餌にしてイスラームの力を共産党に引きつけたという分析が秀逸。

41 **『プロパガンダ戦史』**　池田徳眞　中公新書

池田徳眞氏は徳川十五代将軍慶喜の孫。東京帝大を卒業した後、イギリスのオックスフォード大学で旧約聖書を勉強した。外務省嘱託となり、その後、陸軍嘱託として捕虜を用いた謀略放送に従事する。本書を読むと日本のインテリジェンス能力が高かったことがよくわかる。

42 **『アーロン収容所』**　会田雄次　中公新書

会田雄次氏が太平洋戦争中、ビルマで英軍のアーロン収容所に捕虜として収容されたときの体験記。イギリス人の人種偏見を目の当たりにする。ナチズムの経験したヨーロッパ人が人種主義を克服したというのは神話である。現在もヨーロッパ社会の底流には人種主義的偏見があることを理解するためにも本書は重要だ。

43 **『北方領土交渉秘録　失われた五度の機会』**　東郷和彦　新潮社

東郷氏しか知らない事実を明らかにし、北方領土交渉の闇を明らかにした類まれな回想録。二〇〇一年三月のイルクーツク日露首脳会談後、北方領土がもっとも日本に近づいたことがわかる。この路線を復活させれば、再び北方領土返還の可能性がうまれる。

44 **『〈帝国〉グローバル化の世界秩序とマルチチュードの可能性』**　アントニオ・ネグリ、マイ

ケル・ハート　以文社

結果から見るならば、ネグリとハートの作業仮説は間違えていた。国民国家の枠を超越する支配ネットワーク〈帝国〉もそれに対するネットワーク的な抵抗主体マルチチュードも、国民国家システムと比較すると二次的意義しかもたなかった。マルチチュード論は結局、新自由主義的世界観を補完する役割しか果たさなかった。

45『国防哲学』　蓑田胸喜　慧文社

天皇機関説攻撃の中心的人物である蓑田胸喜氏の思想の骨子がこの本にまとめられている。蓑田現象は、生真面目で思い込みが激しい人物が、特定の時代状況で政治に利用された事例である。絶対に正しいことを信じる右翼思想の陥穽を読みとることが重要。

46『謀略』　大橋武夫　時事通信社

太平洋戦争中に謀略勤務についた経験を生かし、日露戦争中の明石元二郎工作、太平洋戦争直前のゾルゲ工作を読み解く。インテリジェンスの究極目的である謀略の哲学がよくわかる。インテリジェンスの入門書として最適。

47『国家論』　オッペンハイマー　改造文庫

優れた国家論。マルクス主義的階級史観の欠点を適確に衝いている。国家と国家の基本関係は征服であるという言説は現代も有効である。沖縄学者の仲原善忠の沖縄史の記述もオッペンハイマーの征服史観から影響を受けている。

48 **『幻滅者の社會観』**　高畠素之　大鐙閣

徹底した性悪説の原理に立って世の中を分析する。反語法を多用するので、何が高畠素之の真意であるかを読み解くことが難しい。マルクス『資本論』の論理を基本的に正しいと認めつつもプロレタリア革命の可能性を高畠は信じない。資本主義による格差を国家の介入によって是正する国家社会主義を提唱。高畠の思想は、社会民主主義、ファシズム双方への発展可能性をはらんでいる。

49 **『民族とナショナリズム』**　アーネスト・ゲルナー　岩波書店

否定神学の手法を用いて描かれたナショナリズム論の最高傑作。人間の社会は、前農耕社会(狩猟・採集社会)、農耕社会、産業社会という段階で発展し、産業社会において民族が必ず存在することを見事に論証している。

50 **『定本　想像の共同体』**　ベネディクト・アンダーソン　書籍工房早山

「民族とは想像上の政治的共同体で、それは限定的であるとともに主権的だ」というベネディクト・アンダーソンの定義を無視して民族問題に取り組むことはできない。出版と資本主義とナショナリズムの三位一体構造の解明が興味深い。

51 **『スパイのためのハンドブック』**　ウォルフガング・ロッツ　ハヤカワ文庫

冒頭にスパイの適性をチェックするテストがある。これで最高点をとると「やりすぎだ」という観点から、あまりこの業界では成功しないという評価が下される。モサド（イスラエル諜報特務庁）の伝説的スパイであるウォルフガング・ロッツが書いたインテリジェンスに関する実用性の高い入門書。

52 **『アラビアのロレンス』** ロバート・グレーヴズ 平凡社ライブラリー

異文化世界にどう溶け込み、謀略工作を行ったかの実例を見事に描いている。戦前、戦中に陸軍中野学校は『アラビアのロレンス』を教本の一つとして、植民地からの解放を渇望する民族のエネルギーを日本の国策推進のために用いることができるかについて考えた。

53 **『ロシアと現代世界』** ゲンナジー・ジュガーノフ 自由国民社

ヨーロッパとアジアにまたがるユーラシア空間に存在するという地政学的制約条件により、ロシアは欧米と異なる発展法則をもつというユーラシア主義を称揚している。メドベージェフ・プーチン二重政権下のロシアで、現在興隆しつつあるロシア・ファシズムの論理が端的に描かれている。

54 **『ナショナリズム』** エリ・ケドゥーリー 学文社

ナショナリズムが近代人の宗教であることがよくわかる。特にシュライエルマッハーの人間の内面重視というロマン主義がナショナリズムの母体となったという指摘は鋭くかつ正しい。

ナショナリズムと産業の関係をめぐるケドゥーリとゲルナーの論争も興味深い。

55 **『ロックフェラー回顧録』**　デイヴィッド・ロックフェラー　新潮社

億万長者になることは、チャンスがあれば、かなりの人にとって可能性があるが、その地位を維持することがいかに難しいかについて語っている。ロックフェラー一族が、生き残るために、米国国家のために献身し、慈善活動に庶民に資産を分配することに腐心していることがよくわかる。

●社会・経済についての知識で、われわれが置かれた制約を知る

56 **『資本論』**　マルクス　岩波文庫

『資本論』については、首尾一貫した複数の読み方が可能になる。評者は宇野弘蔵の『資本論』読みを踏襲している。『資本論』が説いた労働力商品化を理解せずに現代世界を理解することはできない。『資本論』の論理を体得していると資本主義社会の内在的論理と限界がよくわかる。大学生時代に是非通読しておくことを強くお勧めする。

57 **『帝国主義』**　レーニン　岩波文庫

帝国主義を非難する意味合いはほとんどない。資本主義が発展すると、株式会社が発展し、

銀行の機能が強まり、金融資本主義が出現する論理連関をわかりやすく書いている。そして、商品の輸出ではなく、資本の輸出が主流となり、植民地争奪をめぐって戦争が起きやすくなると説く。二十一世紀においては、植民地をもたない新・帝国主義について真剣に考察する必要がある。

58 **『経済原論』** 宇野弘蔵 岩波書店

マルクスには、資本主義システムを冷静に観察する「学者の魂」と一日も早く資本主義を打倒したいと望む「革命家の魂」が並存している。宇野弘蔵は、マルクスの「学者の魂」を継承して、『資本論』の論理の乱れを修正して『経済原論』に再編した。大学生、ビジネスパーソンの双方にお勧めする。

59 **『価値と資本』** ヒックス 岩波文庫

新古典派の標準的見解が記されている。市場におけるゲームの基本ルールがわかる。『価値と資本』には数学付録がついている。高校二年生の数学ができれば、この付録を読みこなすことができる。大学生、ビジネスパーソンの必読書。

60 **『雇用、利子および貨幣の一般理論』** ケインズ 岩波文庫

資本主義の危機を抜け出す処方箋が提示されている。一昔前まで、「ケインズ主義は終わった」というようなことが言われたが、そうではない。近代国家が存続する限り、名称はともか

くケインズが説いた有効需要創設策はかならずとられる。

61 **『経済学および課税の原理』**　リカードウ　岩波文庫

マルクスの『資本論』は、リカードウの『経済学および課税の原理』を基本的に継承している。ただし、『資本論』には課税に関する記述がない。これはマルクスが国家をとりあえず括弧の中に入れて、社会を分析したからである。リカードウの課税論を通じ、国家と官僚の機能が見えてくる。

62 **『凶悪』**　「新潮45」編集部　新潮社

「新潮45」の編集者宮本太一氏（現「新潮45」編集長）に東京拘置所の未決囚から面会を希望する手紙が届く。宮本氏が面会すると殺人事件で公判中の未決囚は、他の殺人事件とその首謀者で未だ逮捕されていない「先生」の存在について告白する。宮本氏の執念の取材の結果、警察と検察が動き出す。編集者が書いた画期的なノンフィクション作品。

63 **『野中広務　差別と権力』**　魚住昭　講談社文庫

被差別部落出身の叩き上げ政治家である野中広務氏の半生を追体験することによって、日本の保守政治の中に埋め込まれている社会民主主義的要素を描き出す。野中氏が内閣総理大臣就任を目前にして断念せざるを得なかった要因が差別であったことが行間から伝わってくる。

64 **『突破者』**　宮崎学　新潮文庫

解体大工でやくざの息子である宮崎学氏は、ほんとうの革命を目指して日本共産党に入党する。そして、早稲田大学で共産党のゲバルト部隊「あかつき行動隊」の隊長として、新左翼と対峙する。戦後革命運動史の貴重な証言。

●文学についての知識で、想像力、構想力を豊かにする

65 **『門』** 夏目漱石　岩波文庫

全編をながれるけだるい雰囲気になんとも表現しがたい魅力がある。結局、人間がかかえる問題は、根源的問題は何一つ解決できないが、根源的でない種々の問題はだいたいカネによって解決するという俗物的な人生観が提示されている。根源的諦念に読者をいざなう作品。

66 **『セメント樽の中の手紙』** 葉山嘉樹　角川文庫

建設現場で働く労働者がセメント樽を開けると木箱が入っていた。その中には、女性労働者から、恋人の労働者が機械に巻き込まれてこのセメントになっているので、どこで使われているか教えて欲しいという内容の手紙が入っていた。『蟹工船』よりもずっとリアルに労働者の生活を描いている。

67 **『人間の條件』** 五味川純平　岩波現代文庫

戦争下において、誠実に生きようとする日本の知識人は中国人を抑圧する加害者としてか、軍隊で抑圧にさらされる被害者として生きるという現実しかないという姿を感動的に描いている。ソ連軍の日本人女性への暴行についても描き、左翼反戦小説の枠を超える作品になっている。人間として誠実に生きるという観念を徹底的に追求した名作。

68 『オイディプス王』　ソポクレス　岩波文庫

捨て子のオイディプスは、実力で王位を獲得した。しかし、実父を殺し、妃は実母であるということが明らかになる。神々の定めに人間が反抗してもそこからは悲劇しか生まれない。真実を知ったオイディプス王は、自ら目を突いて失明し、荒野を放浪する。ギリシア悲劇の基本構造を見事に描いている。

69 『存在の耐えられない軽さ』　ミラン・クンデラ　集英社文庫

一九六八年の「プラハの春」を背景に、外科医トマーシュと妻のテレザ、愛人のサビナの三角関係を描く。共産政権に迎合せず、同時に一旦、スイスに亡命するが、そこからチェコに帰国し、キャリアを捨てて田舎で暮らすという選択は、当時、珍しい現象ではなかった。現実に存在した社会主義がどのようなものであったかを知るための好著。

70 『人間の運命』　ショーロホフ　角川文庫

主人公ソコロフはドイツ軍の捕虜になる。ナチス・ドイツの収容所から脱走し、帰還するが、そこで知るのは家族の死だった。戦後、トラックの運転手をしながらすさんだ生活を送っていたが、酒場のそばに現れる戦災孤児を引き取る。ソビエト愛国文学のような体裁で、国家や政府に頼ることはできず、信用できるのは具体的な人間だけだというロシア人の人生観をよくあらわしている。

71 **『林檎の木』** ゴールズワージー 角川文庫

イギリスは現在も階級意識社会だ。パブ（居酒屋）でも、労働者階級の出入口には「PUB（パブ）」と書いてあるが、中産階級の出入口は「SALOON（サルーン）」と書いてある。そして客も自らが帰属すると思う出入口を使う。若き弁護士のアシャーストが、ウェールズの田舎で純朴な少女と恋に落ちるが、階級の差を意識して捨てるという身勝手な物語。イギリス人エリートの階級意識と残酷さがよくわかる。

72 **『死国』** 坂東眞砂子 角川文庫

死者の年齢数だけ四国の八十八札所参りを逆打ち（通常の右回りでなく、左回りをすること）すると、黄泉から死者をこの世に呼び戻すことができるという。美少女が甦るとともに社会に混乱が起きる。天と水の表象を用いて黄泉の国の力をみごとに描き出している。

73 **『夜叉ケ池・天守物語』** 泉鏡花 岩波文庫

鐘をつくのをやめると洪水で村を滅ぼすという村民と妖怪の契約を軸に進められる「夜叉ケ

池」はエンターテイメント小説として、とにかく面白い。「天守物語」の妖怪は現実の人間よりも人間的に温かいという逆説が秀逸。

74 **『カラマーゾフの兄弟』**　ドストエフスキー　光文社古典新訳文庫

亀山郁夫氏の訳は、従来の訳に較べ、格段と正確でかつ読みやすい。実は神を信じていないドストエフスキーの本心が透けて見える。ドストエフスキーの小説が流行するような社会は「病んでいる」と評者は考える。

75 **『復活』**　トルストイ　岩波文庫

トルストイが最晩年に書いた長編小説。悔い改めというテーマに挑んだが、上滑りのところが面白い。ただし、信仰について、トルストイはドストエフスキーと異なりイエス・キリストが救い主であることを本気で信じている。それから、『復活』には宗教的共産主義への共感が見られる。

76 **『花と蛇』**　団鬼六　太田出版

SM小説の古典。人間の妄想の限界に挑んだ傑作官能小説。一見、攻撃しているように見えるSの側の人々が、実際にはいじめられているMの女性たちの隠された欲望に支配されていることが徐々に見えてくる。人間の支配・被支配について考えるためにもよいテキストだ。

77 **『かわいい女・犬を連れた奥さん』**　チェーホフ　新潮文庫

ヤルタの海岸通りを散歩する若い人妻との不倫物語。インテリが覚える人生の退屈感を見事に表現している。同時に、不倫は最初は興奮し、面白いが、時間の経過とともに不安と恐怖をもたらす状況が見事に描かれている。

78 **『オリガ・モリソヴナの反語法』** 米原万里　集英社文庫

いろいろな読み方が出来る小説である。評者は、ロシア人が友情をいかに大切にするかという観点から読んだ。スターリン主義が何であったかという観点から日本人が書いた数少ない優れた小説という読み方もできる。日本人は反語法が苦手なので、反語で「ご立派ですね」と言っても褒められたと勘違いする人が多い。外交交渉でもこの種の行き違いがときどきある。反語法について学ぶための最良のテキスト。

79 **『影を裁く日』** 高柳芳夫　講談社文庫

ノンキャリアの老事務官がサミット（主要国首脳会議）の打ち上げの席でキャリア官僚を殺す。完全犯罪のように見えたが、老事務官は若いノンキャリアの事務官に殺人に至る理由を記した遺書を遺す。外務省の病理を知るためにはこの物語が最適。

80 **『我が心は石にあらず』** 高橋和巳　新潮文庫

重役昇進への誘いを断って、労働組合活動家の道を選ぶ主人公。不倫相手が妊娠したと告げたことに当惑し、自己破壊的な過激な運動を展開する。この小説にでてくる地域主義、科学的無政府主義などの思考実験は現代的意義をもつ。最後に家庭の温かさに破れたと総括し、闘争、不倫の双方を「終わり」と勝手に決めるあたりは、全共闘運動活動家のその後の生活保守主義とつながるものがある。

81 **『沈黙』** 遠藤周作　新潮文庫

キリシタン禁制下の日本に潜入した宣教師の物語。井上筑後守の日本という国は沼地でキリスト教という苗を植えても根が腐ってしまうという指摘には含蓄がある。キリストの沈黙は、ドストエフスキーの大審問官伝説を想起させる。信念を通すことの意味を考えるのに最適の書。

82 **『塩狩峠』** 三浦綾子　新潮文庫

結婚を直前に控えながらも、乗り合わせた列車のブレーキ故障に遭遇し、乗客の命を救うために身を車輪の下に投げ出す主人公。他者のために生きるということを徹底的に追求した名著。『氷点』、『続氷点』とは異なるキリスト教観を三浦綾子氏はこの作品で提示した。

83 **『小説　陸軍』** 火野葦平　中公文庫

幕末から大東亜戦争にかけて、陸軍が日本国家と日本人の根幹をつくっていたことがよくわかる。この小説は朝日新聞に連載され、朝日から出た単行本の奥付が一九四五年八月十五日(終戦記念日)といういわくつきの本。戦前、戦中の普通の日本人の戦争観を知るためにも最適の書。

84 **『花ざかりの森・憂国』** 三島由紀夫 新潮文庫

ロシア人の愛国主義的政治家には『憂国』のファンが多い。この小説から、故三島由紀夫氏が肉体の復活を信じるキリスト教的な死生観をもっていることが読み取れる。また、友情小説という読み方も可能と思う。日本の現状を憂える人は是非本書を手にとってほしい。

●歴史についての知識で、未来への指針を探る

85 **『神皇正統記』** 北畠親房 岩波文庫

戦前、戦中に誤読されたテキスト。冒頭の大日本者《おおやまとは》神國也《かみのくになり》という言葉に日本の国家原理が凝縮されている。日本の国家体制の基本(國體)が寛容と多元性にあることがよくわかる。政治家、官僚を志望する人は必読。

86 **『新葉和歌集』** 岩波文庫

南朝の天皇、忠臣たちの無念な想いがリアルに伝わってくる。本書を読んで日本の思想は和歌で伝えられるということが皮膚感覚で理解できた。『新葉和歌集』が「歌の『神皇正統記』」と言われている理由がよくわかった。日本国家の今後のあり方を考える場合にも南朝から学ぶべきことが多い。

87 **『太平記』** 小学館

南北朝の動乱を通じ、日本人の思考様式と行動の原型が描かれている。本書は基本的に北朝の立場から書かれていると解釈するのが妥当。それにもかかわらず、後醍醐天皇、楠木正成など南朝の忠臣に対する好意的記述が多いのは鎮魂を目的としているから。

88 **『ロシアとヨーロッパ』** マサリク　成文社

マサリクは、ロシアの病理がドストエフスキーの世界観に集約されていると考えた。これを解明するためにキリスト教導入以前の古代に遡り、ロシア思想史に関する大著『ロシアとヨーロッパ』を著した。ロシアの本質が帝国であることを喝破している。

89 **『ソ同盟共産党（ボリシェビキ）歴史小教程』** モスクワ外国語図書出版所

ソ連共産党の歴史だけでなく、正しい思想を本書で提示している。スターリンが編集した共産主義の聖書。特に「弁証法的唯物論と史的唯物論」という章はスターリン自身が執筆した。ここに表現は単純であるが、内容は極めて錯綜している不可解なスターリンの思想が提示されている。

90 **『おもろさうし』** 岩波文庫

組踊、琉歌などの表現形態が生み出される前のテキストなので、未だに意味を確定できない部分が少なからずある。沖縄の人々の善悪、幸福と不幸が並存する両義的世界観が示されている。沖縄本島だけでなく、久米島（沖縄本島の西約百キロメートルの島）の「おもろ」も収録されている。この「おもろ」によると世界の中心は久米島である。世界観察の視座について深く考えさせられる。

91 **『異形の王権』** 網野善彦　平凡社ライブラリー

後醍醐天皇に焦点をあて、復古主義的モティーフで徹底的に自己の権力基盤を強化したことが、逆に天皇の政治・軍事的権力基盤を弱体化することにつながったという歴史の弁証法を描いている。改革期においては、悪党（在野の強力な武士集団）や被差別民などの潜在力が顕在化する。

92 **『昭和天皇』** 原武史　岩波新書

昭和天皇がアマテラスは平和の神なので、戦勝祈願をしたことについて悩んだという解釈が実に興味深い。宮中祭祀の重要性を指摘した意義は大きい。日本人にとって超越性とは何かという点でも重要な問題提起をしている。

93 **『動物裁判　西欧中世・正義のコスモス』** 池上俊一　講談社現代新書

イナゴを法廷に召喚し、弁護するような奇妙な裁判が中世後期にどうして行われたかということの謎解きから、動物擬人化を通じ西欧人の自然が中世から近代に変遷していく過程を描いた名著。現下日本の裁判においても、動物裁判と同じレベルで被告人の権利尊重がなされれば、冤罪を減らすことができる。

94 **『近代世界システム』**　ウォーラーステイン　岩波書店

国民国家論、グローバリゼーション論の不毛な二項対立ではなく、国家間対立、体制間対立も一段高いメタの立場から見ると単一の世界システムを形成していることを明らかにした名著。世界システム論は日本の労農派マルクス主義の世界観に近い。

95 **『ユダヤ人の歴史』**　ポール・ジョンソン　徳間書店

読みやすくかつ反ユダヤ主義的偏見にとらわれていないという観点で、日本語で刊行されたユダヤ人の歴史に関する一押しの本。特にカバラー思想が、メシア運動につながっていく論理構造に関する分析が秀逸。ヨーロッパの歴史がユダヤ人抜きに考えられないことがよくわかる。

96 **『開国　日露国境交渉』**　和田春樹　ＮＨＫブックス

一八五五年の日露通好条約締結に至る過程をていねいに追う。外交交渉における人間的信頼関係がいかに重要かがわかる。また、この条約をオランダ語正文にあたって、日本語訳の誤訳を見つけたことにも重要な歴史的意義がある。ロシア人との交渉術についての最良の教科書。

97 **『東方見聞録』**　マルコ・ポーロ　平凡社ライブラリー

マルコ・ポーロが、『東方見聞録』で「チパング島は黄金の国である」と書いたことは有名だ。それならば商人であるマルコがなぜ日本に渡らなかったのかという疑問がでてくる。その答えが本書に書かれている。「日本人は人食い人種である」からだ。日本人は『東方見聞録』を紹介する際に、われわれにとって不愉快な記述を削除してしまったのだ。本書は欧米人の日本人に対する偏見を知るための必読書でもある。

98 **『大学という病　東大紛擾と教授群像』** 竹内洋　中公文庫

東京帝国大学経済学部の内部抗争を大森義太郎助教授を軸に描くことで、制度化された知がはらんでいる問題点を見事にえぐりだしている。同時に共産党と一線を画した労農派マルクス主義者である大森義太郎の行動する柔軟な知性を描いている。大学生にとっての必読書。

99 **『ローマ人の物語』** 塩野七生　新潮文庫

キリスト教文化中心主義にとらわれない日本が世界に誇る物語。塩野七生氏がキリスト教公認以前のローマ帝国の視座から当時の世界を描いたことは、欧米人に「この人はヨーロッパのことをヨーロッパ人以上に理解している」という認識をいだかせる。日本人の知的能力を世界に示すためにも、本書の英訳が必要だ。

100 **『球陽』** 角川書店

首里王府が作成した公式歴史記録。沖縄本島だけでなく、離島での出来事についても記述がなされている。日本と中国に両属していた琉球王国のユニークな状況がわかる。付録の「遺老列伝」には、沖縄のさまざまな昔話が収録されている。面白い。

第二章 二十世紀とは何だったのか

——戦争論、アメリカの無知、スターリンの粛清

変わりゆく新書・文庫界

佐藤　文庫、新書から百冊選ぶに当たって、立花さんの提案で、書店に今並んでいるものの中から買うという条件が付けられました。

立花　前回は、教養を養うために必要と考える本を、判型によらず、古本、新刊本によらずに選びましたが、今回は、新刊書店で流通していない本は除くという縛りを付けた方がいいと考えたんです。入手しやすいというのが文庫、新書のいいところですから。

佐藤　実際に書店へ行ってみていかがでしたか？　かなり丹念に選ばれたんですか？

立花　いやあ、見ているうちにだんだん集中力が失われてきまして（笑）。池袋のジュンク堂書店に行ったんですが、時間の都合もあって、二時間ずつ、三日にわけて選びました。選びながら気がついたんですが、昔はあったはずの本がどんどん品切れになっている。

佐藤　新書は、いまや定期刊行物化していると思います。

立花　聞くところによると、どこの版元の新書でも、はじめから発行日が決められていて、締め切りがある。完全に雑誌スタイルですよね。

佐藤　ええ。書き急いで作られたと明らかにわかる本も見受けられます。

立花　書店の書棚を見ると、今の出版界が置かれた状況がよくわかります。次から次に新しいレーベルが生まれ、良質の本でもすぐ品切れになってしまう。だから最初は、自分の記憶にある文庫、新書のタイトルを選ぼうとしたのですが、すぐにそのやり方はダメだと気がついて、書棚を見て回って目に付いたものを引っ張り出すことにしました。それで百八十冊ほど選んで、そこから八十冊を落とした。

佐藤　現在の出版界の混乱状況を反映したリストになっているわけですね。私は丸の内オアゾの丸善に行きました。前回は四十歳から五十歳ぐらいの人を読者対象にしましたが、今回意識したのは、二十代、三十代のがっついたビジネス・パーソン。武器として本を使う人を念頭に置いて、徹底的に実用性を重視しました。「これを読むと役に立つ」「今すぐ買える」という観点で選んでいます。立花さんとちがって、その場で読んでみたいと思ったものは入れませんでした。読了したものから選びました。それと、巻数が複数あるものは一点として数えていました。

立花　僕の数え方も同じです。

佐藤　百五十点ぐらい買って、立花さんのリストと重複しているものは外すなどして、百点に絞りました。思ったより重複は少なかった。

立花　あと僕は文藝春秋の文庫、新書は原則として外すようにしました。例外的に六冊だけ入っていますが、この対談は文春新書から出すから、客観性を保つためです（笑）。

戦艦「信濃」を知っているか

佐藤 立花さん、軍事モノを多く入れていらっしゃいますね。

立花 ええ。日本では割と軍事の知識を軽く見る人が多いんですが、歴史を見る上で軍事の知識は欠かせません。すごく面白かったのは、**『「信濃！」——日本秘密空母の沈没』**（J・F・エンライト、J・W・ライアン／光人社NF文庫／立花113）です。

佐藤 「信濃」は、戦艦「大和」「武蔵」に続く、三番艦ですね。

立花 そうです。戦艦として信濃の建造が始まりましたが、戦局が変化したために航空母艦に作り替えられた。戦艦の時代は終りを告げ、パールハーバーとともに航空戦の時代が幕を開けたことがはっきりしたからです。

佐藤 信濃は当時、世界最大の空母でした。

立花 横須賀で建造されていたんですが、空襲を避けるため、完成しないうちに呉へ向けて出航した。呉海軍工廠で、艤装（原動機や各種装備の取りつけ工程）や兵装（機銃などの兵器の取りつけ工程）をすることになっていた。

佐藤 その途中に沈没した。

立花 伊豆半島の南側です。そのあたりはアメリカの潜水艦がウヨウヨしていたから、昼間は通れない。夜に回航するんですが、発見されて、魚雷を四発喰らって沈没した。

佐藤　私は子供のころ、当時発売されたばかりの信濃のプラモデルを買いました。ところが本を買うと言ってもらったお金でそれを買ったものだから、母親にずいぶん怒られた（笑）。

立花　へえ、そんなプラモデルがあったんですね。

佐藤　一九七〇年前後、私の子供時代はちょうどプラモデル全盛期だったんですよ。

立花　信濃の沈没後、若干名いた生存者はすぐに病院に収容されて外部と接触できないようにされたんです。設計図とか関係書類もすべて廃棄された。だから戦争が終るまで一般の日本人に信濃の存在は知られていませんでした。

信濃を沈めたアメリカの潜水艦の乗組員が、潜望鏡で見た巨大な船を日本の艦船カタログで調べるんですが、信濃は載っていない。とてつもなく巨大な空母だったということしかわからなかった。結局、事実関係が明らかになったのは戦争が終ってから。戦争の実態は、同時代の人間にはなかなかわからない、ということがこれを読むとよくわかります。信濃を撃沈させた潜水艦の艦長だったアメリカ人が、戦争が終わってから、あの船はいったい何だったのだろうと不思議に思って、調べて調べて資料を集めて書いた本なんです。

佐藤　そのおかげでプラモデルも作られたんでしょうね。信濃を護衛していたのが、駆逐艦「雪風」。雪風は、大和や武蔵も護衛していた。ところが、雪風と一緒だった大きな戦艦、すべて沈没している。死に神駆逐艦なんです（笑）。豊田穣『雪風ハ沈マズ―強運駆逐艦　栄光の生涯』（光人社NF文庫）に詳しいです。「駆逐艦雪風」という映画もありました。

立花　光人社は軍事モノのいい本をたくさん出していますよね。

佐藤　光人社の本、私も山ほど持ってますよ（笑）。軍事モノとしては、文春文庫の**『双発戦闘機「屠龍」―一撃必殺の重爆キラー』**（渡辺洋二著／佐藤133）を入れました。私の父は、陸軍の隼航空隊という部隊に配属されていたから、父はよく戦闘機の話をしていました。その中でも、日本の戦闘機で唯一B29と対抗できる「屠龍」の話は何度も聞きました。足は遅い代わりに、大きな機関砲が装備されていて破壊力が強く、旋回性にも優れている。なおかつ、搭乗員を守る防御態勢も整っている。B29を意識して設計されているんです。B29と対抗すると屠龍の分が悪いですが、B24やB17相手だったら確実に勝つ。知られざる強い戦闘機だったんです。

立花　信濃も、もし戦場に投入されていれば相当の力を発揮したにちがいないんですが、空母に載せる肝腎の航空機が、もうほとんど残っていなかった。それで特攻機「桜花」を載せただけでなく、特攻艇「震洋」というボートまで載せた。

佐藤　沖縄集団自決で問題になっている陸軍の海上挺進隊の赤松隊のボートも同じつくりでしたね。

立花　作家の島尾敏雄が訓練を受けていたのも震洋でした。世界最大の航空母艦信濃に、わざわざボートを載せなければならないほど、日本は追いつめられていた。

佐藤　日本は非常に厳しい状況に置かれていました。力に圧倒的な差がある、必ずしも勝てない敵に対して、どこまで抵抗できるか。私が重要だと思うのは、そういう所与の条件の中で、当時の科学技術の粋を尽くして「屠龍」のような道具を作るという発想なんです。

立花　太平洋戦争の開戦後、日米の空軍力に大きな力の差があることが、マリアナ沖海戦で決定的になった。**『激闘マリアナ沖海戦　日米戦争・最後の大海空戦』**（江戸雄介著／光人社NF文庫／立花[112]）を読むとよくわかります。

陸軍も空母を作っていた

佐藤　日本の連合艦隊は米軍の砲撃が届かないだけの距離を取る「アウトレンジ戦法」を取ろうとして失敗。逆に、アメリカの「マリアナの七面鳥撃ち」で零戦はグラマンに徹底的にやられる。航空戦で日本は惨敗しました。

立花　その結果、日本はサイパン島、テニアン島を失い、すぐにそこを基地としたB29による本土空襲が始まった。

佐藤　父の友人で、戦後画家になった人がマリアナ沖海戦で航空母艦「龍鳳」に乗っていたんです。その横にいた航空母艦「大鳳」が沈没する様子を聴いたことがあります。真っ二つに割れて、沈んでいったそうです。立花さん、日本は陸軍も航空母艦を造っていたんですよ。

立花 そうなんですか。

佐藤 こんなことするの日本だけ。世界でも異常な国なんです。航空母艦の技術を知るために、海軍とは別に造った。陸軍は小さくてもいいから、自分のところでも航空母艦を持っていたかったんですね。こんにちに至る縦割り行政の一種（笑）。戦争にはその国の知力が結集されます。だから軍事には、その国の民族的な性格が表れる。そこが教養としての軍事モノの面白さの一つですね。

一方、ソ連の複葉機I15は畑で離着陸できるんです。粗雑に造られているんですが、機動性がある。畑で味方の兵士を見つけたとき、そこに着陸してその兵士を乗せてそのまま飛び立つことができる。ノモンハン事件では劣勢に立たされますが、日本の九七式戦闘機には、そういう芸当はできない。

立花 僕はソ連末期の取材であちこち移動したときに、それと似たような飛行機に乗ったことがありますよ。

佐藤 Yak40でしょうか。後部に荷物室があって、ぱかっとそこが開くんですよね。

立花 そうそう。

佐藤　I15の伝統は今も続いているんです。鉄道を敷くのは大変だから、ロシアのド田舎は飛行機が主要な移動手段なんです。そういう飛行機にはタラップが付いていない。お腹の部分がぱかっと開いて、お腹の裏に付いている階段を乗客は降りてくる。ロシアの飛行機は粗雑だけどとにかく頑丈で、実用的にできている。日本で使われているアメリカやヨーロッパの旅客機と対照的です。飛行機をちょっと見るだけで、その国の思想が見えてくる。科学技術には思想が表れるんですよね。

戦争こそ必須の教養

立花　戦争では、民族性も国民性も科学技術も文明も、すべてが凝縮されて表れますからね。戦争について知ることは現代人にとっても必須の教養でしょう。戦争において、弾薬とか食糧をいかに補給するかが決定的な役割を果たすことを明らかにしたのが、**『補給戦―何が勝敗を決定するのか』**（マーチン・ファン・クレフェルト著／中公文庫ＢＩＢＬＩＯ／立花137）です。十九世紀のナポレオン戦争から第二次世界大戦のノルマンディ上陸作戦まで、補給戦がどれほど大切かを分析しています。日本軍も補給戦に失敗したんです。その実例が、**『失敗の本質―日本軍の組織論的研究』**（戸部良一ほか著／中公文庫／立花140）。太平洋戦争では戦闘で死んだ兵士より、餓死した兵士が圧倒的に多いんですね。

佐藤　『補給戦』の著者のヘブライ大学教授マーチン・ファン・クレフェルトの名前は、現役外交官時代に、よく耳にしました。補給戦だけでなく総力戦にも通じた専門家で、ヨムキプール戦争（第四次中東戦争）に関する本もあります。彼の専門レポートを読んでいないと議論に参加できないくらい、現実に影響力のある著者です。

ソマリア紛争と「熱戦」

立花　現代の戦争を考える上で、一九九三年のソマリア紛争は大きなターニングポイントだったと思います。それで**『ブラックホーク・ダウン　アメリカ最強特殊部隊の戦闘記録』**（マーク・ボウデン著／ハヤカワ文庫NF／立花138）を挙げました。

佐藤　映画にもなりましたね。ソマリアで米軍特殊部隊が、国連活動を邪魔する武装組織の幹部を逮捕する作戦の中で、ヘリコプター「ブラックホーク」を撃墜されてしまう。その後、部隊と民兵による市街戦が始まって、十八名の米兵が犠牲になりました。

立花　これはアメリカにとっては屈辱的な失敗でした。現代の戦争技術の粋を尽くして、一時間で相手をやっつけるつもりが、一晩の戦闘で十八名が亡くなった。映画では、その凄まじい戦闘シーンが描かれています。死者十八名は決して多くはない。しかし、これが契機になって、アメリカの軍事戦略が大きく変わってしまった。冷戦終結後、アメリカは国連をサポートして、世界のあちこちの諸悪をたたきつぶす軍事的管理者になるという計画を立てた。ところが、ソマリアの失敗でその計画が瓦解したわけです。この失敗の経験が尾を引いて、コソボでもイラクでも失敗したということが、この本を読むとよくわかる。

佐藤　死者の数に対するアメリカ世論の許容度がそれ以後大きく変わりましたね。

立花　死者の数に敏感になっていますね。

佐藤　その意味で、日本では過小評価されているんですが、二〇〇八年八月のロシア・グルジア戦争も、転換点だったと思います。あの戦争でロシア側の死者は何人だと思います？　二千人ですよ。

立花　ロシア側が二千人！　グルジア側はもっと多いはずですね。

佐藤　グルジア側は死者を発表していないんです。通常、戦争に勝利した側と敗北した側では四、五倍は死者の数に差があるはずです。

立花　一万人近い。

佐藤　もし死者数を公表されたら、グルジア政府は吹っ飛ぶでしょう。当時の報道では「新冷戦」という言葉が使われていましたが、この表現は間違っていると思う。ソマリアでは、米兵十八名の死者であれだけのインパクトがあったわけです。そんな時代に二千人の死者ですから、ロシア人は、新冷戦どころか、これは「熱戦」であるという認識を持った。

立花　ソマリアでパラダイム・チェンジが起きたわけですね。「熱戦」と認識したロシアの世論はどう変わったんですか？

佐藤　厳しくなりました。鉄壁国防体制を取れ、という論調です。これまで安全だと思っていたグルジアのような近隣諸国に対して、ロシア政府に油断があったんじゃないかと、政府への批判が高まりました。

立花　ブッシュ政権はイラク戦争のとき報道管制を敷いていて、メディアが死亡した米兵の棺を撮影した写真を公表しただけで大問題になったことがありました。二〇〇八年の大統領選で民主党のオバマが勝利しましたが、ブッシュの戦争に対する不満が相当影響しています。

ゲーム化する戦争

佐藤　イスラエルは、アメリカ以上に人的犠牲に対する世論の反発が強いんです。なぜならもともと人口が少ないから。イスラエル軍は、不登校の高校生で、ゲームオタクの少年たちを集めて、軍が運営する学校のような施設を造ったんです。何をさせるかと言ったら、ＴＶゲーム機のプレイステーションでひたすらゲーム。

立花　へえ。何のために？

佐藤　無人飛行機を操縦させるんですよ。二〇〇六年のレバノン戦争で実際に投入されました。ゲームオタクの生徒たちを参謀本部の地下壕に連れてくる。そこにスクリーンがあって、彼らのゲームがスタートする。スクリーンに、イスラエルが開発した、ダビデの星が付いていない黒い国籍不明機が、レバノンとの国境沿いから飛び立つ様子が映し出される。それで、ベイルートのシーア派居住地区まで飛行して、武装組織ヒズボラの家を一軒ずつ撃破していくんです。ヒズボラのミサイルで撃ち落とされたらリセット。また一機、無人戦闘機が飛び立つ、というわけです。

立花　戦争はゲーム化せざるを得ない側面がありますね。ミサイルを撃つときも、ターゲットが目視できず、スクリーン上にしか存在しない状態で撃つわけです。戦争に参加する人たちが、リアルに人を殺すという感覚を持たないような時代になっています。

佐藤　イスラエルの情報屋も心配していましたよ。ゲームオタクの少年たちは、現時点でイスラエルの国益に貢献しているけれども、彼らには命の感覚がわからない。イスラエル社会で今後何か大変なことが起こるんじゃないかって。

立花　いつから戦争はリアリティーを失ったのか。**『機関銃の社会史』**（ジョン・エリス著／平凡社ライブラリー／立花139）は示唆に富んでいます。目の前で敵を殺すという実感があった戦争から、そういう実感を失った戦争へ移る境目になったのは、機関銃の登場なんですね。

機関銃が初めて本格的に実戦に投入されたのは南北戦争なんです。その後、マクシム銃やホチキス銃などが登場して第一次世界大戦で大きな役割を果たしました。機関銃の歴史を追うと、戦争の様相がどんどん変化していったのがよくわかる。

佐藤　しかし、その機関銃に対し、我々日本人は、二〇三高地でロシアに勝ちましたね（笑）。

立花　日露戦争の旅順陥落ですね。機関銃で守られた旅順の要塞を、乃木希典の歩兵部隊が突撃を繰り返して、ついに陥落させた。佐藤さんは、**『日露戦争史　20世紀最初の大国間戦争』**（横手慎二著／中公新書／佐藤⑬⓪）を挙げていますね。

佐藤　ええ。著者の横手慎二さんは、元外務省専門調査員だった方です。モスクワの日本大使館で一緒に働いたこともあります。個人的には苦手な方ですが、いい本なので入れました（笑）。日露戦争は二十世紀最初の近代的な帝国主義戦争であるという観点で、実証的に分析されています。文章もいい。

乃木は名将か愚将か

立花　僕は、二〇三高地の勝利で、日本人は悪いことを学習してしまったと思っているんです。殺されても殺されても、鉢巻き締めて、突撃していくわけですから、あれぐらい馬鹿げた戦法はない。乃木希典は日本を誤らせた最初の人間だと思う。バカの一つ覚えのような決死隊の突撃をくり返させた乃木は部下の大量殺戮者ですよ。あの乃木を朝野《ちょうや》をあげてほめたたえたところから、日本人の戦争観は狂ったものになってしまった。太平洋戦争末期にバンザイ突撃による玉砕戦法がくり返された愚も、みんなあの乃木のバカをほめたたえてそれを陸軍の伝統にしてしまったところからきている。乃木は自分の過ちを知っていて、天皇の赤子を殺して申し訳ないという気持ちで、明治天皇崩御の直後に自決したんです。

佐藤　私はちょっと意見がちがいます。逆に、乃木希典は名将だったと思っています。彼が天皇に対して申し訳ないと思ったのは、西南戦争で、薩摩軍に軍旗を奪われたことだと遺書に書いてあります。だいたい部下を殺したことに責任を感じて自決するような情緒的な人に、軍の司令官なんてやっていられないですよ。その点、私が外務省にいたころの幹部の人たちのほうが乃木さんよりよっぽど精神的に強い。機械的な計算で自分の出世だけ求めて、部下の犠牲は屁とも思っていない。最強の陣容です（笑）。

立花　それはもう官僚制度の本質的な問題ですよ（笑）。部下の死を何とも思わない。将功なりて万骨枯るが当たり前。これは日本社会の精神文化の伝統なのかもしれない。死者の山が築かれたあとにその死の責任を問うことなど全くせずに、ただただ死者の多さを詠嘆調に嘆き、「海ゆかば　みづくかばね」のような音楽をそえることで、その死の事実に一種の美学的価値を与えてしまう。

アメリカが日本を改造する

立花　最近（二〇〇九年四〜七月）、僕は立教セカンドステージ大学というところで「二十世紀と昭和の歴史」と題した講義をしていたんです。受講者は、団塊の世代を中心としたシニア層の人たち。この講義で僕は、二十世紀史の中で昭和史を位置づけ、自分たちが生きた時代はどういう時代であったかをあらためて考えてみました。

二十世紀を定義しようとすれば、いろんな定義の仕方ができますが、たとえば、二十世紀は「アメリカの時代だった」という定義の仕方もある。じゃあアメリカとはそもそもどういう社会なのか？　ということで、アメリカという国家の歴史的成り立ち、アメリカの基本構造、アメリカ社会の特質といったことを講義していったわけです。「アメリカ」は現代の教養の最重要アイテムの一つだと思います。

最近の本では、アメリカ大統領の力が一九七〇年代後半以降低下しているという**『アメリカ大統領の権力　変質するリーダーシップ』**（砂田一郎著／中公新書／立花130）、戦争の歴史からアメリカを読み解いた**『好戦の共和国アメリカ　戦争の記憶をたどる』**（油井大三郎著／岩波新書／立花131）などを入れました。これらを読むと、普通の人が知らないアメリカの現実がわかります。

佐藤　私がアメリカ理解を意識してリストに入れたのは、久江雅彦さんの**『米軍再編　日米「秘密交渉」で何があったか』**（講談社現代新書／佐藤161）、それから、関岡英之さんの**『拒否できない日本　アメリカの日本改造が進んでいる』**（文春新書／佐藤162）です。久江さんは、日本の官僚たちの場当たり外交によって在日米軍再編問題が複雑・長期化してしまったことを、関岡さんは、阪神大震災後の建築基準法改正や司法改革などは、すべてアメリカの都合だったことを指摘しています。

ルーズベルトとウィルソン

立花　アメリカはこれまで何度も戦争を経験してきた国です。その一つ一つの戦争の過程を知ると、アメリカに対するイメージがものすごく変わる。アメリカの本格的な対外戦争は、一八四六〜四八年のメキシコとの戦争（米墨戦争）で、その次が、一八九八年のスペインとの戦争（米西戦争）。その後、第二十六代の大統領セオドア・ルーズベルトが、棍棒外交をはじめるわけです。棍棒外交の一つの例が、パナマ運河の建設をめぐるアメリカの動き。あれはホントに無茶苦茶な話です。

佐藤　そうですね。パナマ地峡はもともとコロンビア領であったにもかかわらず、ここを軍事的要衝として着目したアメリカは、コロンビア国内の革命派を支援して、パナマ共和国を独立させる。その上でアメリカはパナマ新政府から建設権、永久租借権を取得して、運河を造った。一九九九年に完全返還されるまでアメリカが管理していました。

立花 アメリカはそもそも、そういった帝国主義的なことは全くやらない国家としてスタートしました。モンロー主義を掲げて他国に干渉しない態度を取ってきたわけです。それがパナマ運河建設あたりから大きく変化した。しかしセオドア・ルーズベルトは棍棒外交を進める一方、国内では反トラスト法によって独占資本を規制した。トラスト・バスター（独占のつぶし屋）と呼ばれるくらい、金権政治的なものをどんどんつぶした。そうかと思えば日露戦争では、ポーツマス講和条約で調停役を務め、ノーベル平和賞を受賞したりしている。非常に複雑な人間ですよね。彼を見ると、アメリカの多面性がよくわかる。

佐藤 セオドアはポーツマス講和会議の際にはモルガン商会を通して、南満州鉄道の敷設権を日本から獲得しようとしましたね。

アメリカの多面性を非常に的確に指摘しているのが大川周明です。彼は真珠湾攻撃の直後にNHKラジオで太平洋戦争開戦の理由を説明して話題になりましたが、それを本にした『米英東亜侵略史』（『日米開戦の真実　大川周明著「米英東亜侵略史」を読み解く』佐藤優著／小学館に収録）の中で、セオドア・ルーズベルトについても説明しています。

立花 先日、アメリカの歴史を描いた記録映像を観ていて驚いたのですが、第一次世界大戦末期に「十四ヵ条の平和原則」を提唱した第二十八代のウッドロウ・ウィルソン大統領が、実は、歴史的には、棍棒外交的なことをかなりやっている。平和主義者、ウィルソンのイメージも、アメリカ外交のイメージも全く変わっちゃうみたいな場面が次々出てくる。アメリカを理解する上で、キーパーソンとなるべき人物として**『ウィルソン　新世界秩序をかかげて』**（志邨晃佑著／清水新書／立花129）という評伝を入れています。

佐藤　ウィルソンの役割に関して、オクスフォード大学セント・アンソニー・カレッジの学長マーガレット・マクミランというカナダ人女性の歴史家による『ピースメイカーズ（上・下）』（芙蓉書房出版）という本があります。ウィルソンの性格というものをよーく分析していて面白い本です。

立花　ウィルソンは自分自身ピースメイカーになったつもりで、国際平和機構の設立を提唱したのに、連邦議会で否定されて、せっかくつくった国際連盟にアメリカは加盟しなかった。そういう状況を引っ繰り返そうとして、無理に無理を重ねて全国遊説を強行する。その最中に脳梗塞になって、政治生命も、肉体の生命もギリギリの状態で退陣せざるを得なかった。ウィルソンは非常に悲劇的な政治家でした。

アメリカの全体主義

佐藤　アメリカ社会の優れた分析の書として私は**『啓蒙の弁証法　哲学的断想』**（岩波文庫／佐藤116）を挙げました。第二次大戦中、ドイツからアメリカへ亡命したマックス・ホルクハイマーとテオドール・アドルノが共同執筆したんです。多くの人がこの本をナチスに対する警告の書と見ているんだけれども、テキストを注意深く読めば違うことに気付きます。アメリカに対する警告です。啓蒙主義によって国民の知識が増え、幸福になるはずなのに、どうして全体主義の台頭を許したのか。この本は、啓蒙によってむしろ全体主義が進んでいくことを指摘しているんです。彼らは亡命先のアメリカを追い出されるともう他に行くところがないので、注意深く言葉を選んで書いていますが、全体主義的な傾向はアメリカにもある、ということを明確に書いてある。

もう一つアメリカを考えるとき詰めて考えないといけないのはプラグマティズム。それでプラグマティストの代表者の一人ウィリアム・ジェイムズの**『プラグマティズム』**（岩波文庫／佐藤112）を入れました。

立花　ぼくはウィリアム・ジェイムズが好きで著作集は全部読みました。プラグマティズムはアメリカ的なものの考え方を理解する上で、いちばん重要なものの一つですが、日本では原典が読まれないから誤解している人が多い。ある観念が正しいかどうかは、それを現実化した考え方です。それはイエスの教えだったし、キルケゴールの哲学の基本でもあった。

佐藤　正しいことをやれば、どうして成功するのか、それは神様が判定しているからだ。これがプラグマティズムなんです。つまり、後ろに神様が隠れている。天によってサポートされているから成功するんだという、その一種の中世的なリアリズム（実念論）の構成になっているんです。だから、力によって戦争に勝利することを正当化することができる。アメリカにおいて、戦争で勝利することと、正しいことの間に乖離があるという感覚が生まれにくいという背景にプラグマティックな発想がある。

ロマン主義よりフロンティア

立花　アメリカは独立当初、東海岸にある十三州からなる小さな地域にすぎなかった。それが、一八〇三年にフランスからルイジアナを買収して、どーんと広大な面積を手に入れ、米墨戦争などを経て、大陸全部をガバッと横断する国家になった。アメリカを理解するには、この建国の歴史を知る必要があります。

佐藤　私もアメリカの歴史、とくにヨーロッパとのちがいについてよく勉強しておかないといけないと思うんです。重要なポイントは、アメリカ人にはロマン主義がわからないことです。

十八世紀に啓蒙主義が発展してくるんだけれども、それにもかかわらずヨーロッパでは戦争で殺し合いばかりやっていた。その結果、ヨーロッパでは啓蒙主義に対する批判として、ロマン主義がわき起こった。人間を動かす情念は、理屈でわかる啓蒙の世界とか経済合理性とは違う感覚である、というわけです。ところが、この感覚がアメリカ人にはわからない。合理主義、啓蒙の精神で、フロンティアをどんどん広げていったわけです。

立花　西部開拓は、啓蒙主義で進めていった、と。インディアンのごとき未開野蛮の民族は啓蒙されなければならない。アメリカの現代外交もその延長線上にある。ベトナム戦争も、湾岸戦争も、アフガン戦争も、イラク戦争も、インディアン征伐と同じで、未開野蛮な民に対する啓蒙活動のつもりなんでしょう。

佐藤　ええ。ある意味、フロンティア精神によって、ロマン主義が吸収されてしまったと見ることもできるかもしれません。そのためアメリカの思想は、十九世紀を経ないで、十八世紀から一気に二十世紀そして二十一世紀に進んでしまった。アメリカは、ヨーロッパとはかなり違う世界なんです。そのことを知っておく必要があると思うんですよね。

ルイ・アラゴンとアンドレ・モロアの共著『東と西　アメリカとソ連の同時代史（全六巻）』（読売新聞社）は非常に面白い本です。アメリカとソ連の歴史を同時並行に記述しています。

立花　ああ、そうですか。

佐藤　両国とも二十世紀に現れてきたヨーロッパとは異なる国家で、非常に動員的な国家です。アメリカ人も、ソ連人も、静止していない。常に運動して、「ソ連人というもの」「アメリカ人というもの」をつくっていかないといけない。だからソ連人もアメリカ人も、「ビー(be)」「ビーイング(being)」で説明できない。「ビカーム(become)」「ビカミング(becoming)」でしか説明できない。

ブハーリンはなぜ自白した

立花　二十世紀はアメリカの時代でしたが、ソ連もまた大きな役割を果たしました。先ほど触れた、大学での僕の講義「二十世紀と昭和の歴史」の中で、ソ連についても考察しているんですが、今日せっかくですので、外交官としてソ連崩壊を目の当たりにした佐藤さんに是非聞きたいことがあるんです。スターリン時代の大粛清の話です。元中央委員が何人も反革命分子としてモスクワで裁判にかけられますよね。元コミンテルン議長のジノヴィエフとか、ソ連共産党指折りの理論家のブハーリンとか。次々自分の罪を認めますよね。右派トロツキストというあらぬ疑いをかけられたブハーリンも、自分を死刑にしないことと妻子を助けることを条件に裁判で「自白」してしまった。

佐藤　しかし結局、ブハーリンは銃殺されてしまいました。

立花　僕が不思議なのは、彼らがなぜあそこで罪を認めたのか、ということなんです。公開の裁判で、大衆の前で、自分に罪ありと認めてしまう。大衆を裏切り、反革命の罪を犯したと。

佐藤　そうすることが革命のために一番貢献する、と思ったからでしょうね。

立花　たしかに、そういうふうに伝えられています。でもそれは表面的な理由じゃないですか？　裏があるんじゃないですか？　違うんですか？

佐藤　いや、よくわかる。彼らが「自白」したわけが。私も獄中にいたからわかるんですけど、心理の変化なんです。

立花　ああ、そうですか。

佐藤　二〇〇二年に私が逮捕されたとき、同じ容疑で逮捕された人がいるんです。東大法学部卒のキャリアでした。彼は容疑を認めてしまったんですよ。結局、取調室という隔絶された環境の中で、優等生になっちゃうんです。相手の言うことに迎合したくなる、という心理が人間の中にあるんです。私も検事の取り調べを受けているうちに、その検事の人間性がいいことや、ほかの検事と競争していることがわかると、助けてやりたくなってくるんです。

立花　そういう心理になって、佐藤さんも認めるべきじゃないことを認めたことがあったんですか？

佐藤　私の場合はギリギリのところで踏み止まることができた。ブハーリン夫人のブハーリン回想録（『夫ブハーリンの想い出』／アンナ・ラーリナ／岩波書店）であるとか、ソ連時代の粛清裁判のいろんな記録を読んだことを思い出して、「この心理は、あの見せしめ裁判のときのソ連の囚人たちの心理だ」と気づいたんです。そこで「危ない、危ない」と気を引き締めました。

立花　僕もブハーリンの記録を読んでいて、そういう心理がほんとうなのか、もう一つ何か裏があったんじゃないか、と思っていたんです。

佐藤　いろんな説があるんですよ。薬剤を打たれていたんじゃないか、脅されていたんじゃないか、あるいは裏で助けてやるという取り引きがあったんじゃないかとか。しかし、それが違うということは、私の付き合いのあるラーゲリ（矯正収容所）生活を経験したロシア人がみんな言っていたんです。いろんな裏の説に対して、「そんなことはない。人間というのは捕まりゃ、そうなるんだ」と。このことは私自身が捕まって、よくわかりました。人間というのは環境に順応する力がすごく高いんです。ポイントは途中で保釈されていないこと。保釈されると、娑婆に戻って、ほかの人と話をすることで現実を取り戻す。しかし一切保釈なしで、面会も認められず、取調官と裁判所のあの閉鎖空間の中に入ってしまうと、やっぱり独自の世界観ができて、迎合してしまう。

立花　佐藤さんがギリギリのところでこらえることができたのは、やっぱり読書体験があるからですか。一種の擬似体験というか。

佐藤　そうです。読書による擬似体験の力はものすごく強い。あの檻の中で耐えられたのは、ソ連崩壊のときにいろんな人間模様を見た経験と読書による擬似体験、その二つがあったおかげです。既視感があったんです。たとえば供述調書を見る。そうすると、カレル・チャペックの小説『山椒魚戦争』（岩波文庫）なんかが思い浮かんでくるんです。物語の中で山椒魚が異常に発展して技術的な能力を身につけていくんだけれども、音楽、文学、絵画、芸術を一切解しない。そういう山椒魚のイメージと官僚たちが重なってくる。書籍の力というのはすごい強いんですよね。

立花　ブハーリンの記録や大粛清の時代の記録など、今書店で買えるものってあんまりないんじゃないですか。

佐藤　古本屋で手に入れるしかないですね。ロシアではたくさん出ているんですよ。今、ロシア語の本がすごく買いやすいんです。インターネット書店のアマゾンみたいなオゾンというロシア語専門の書店があって、そこは古本も扱っているんです。四六判の本を航空便で送ってもらうと、モスクワから四、五日で着くんですね。送料は以前より高くなりましたが、一ルーブル三円ですから、一冊、送料込みでも五、六百円です。

立花　安いですね。

佐藤　英語の本と比べると三分の一くらいの値段。和書と比べても三分の一から四分の一の値段なんですよ。

コーヒー・ハウスで陰謀を

佐藤　立花さん、代用コーヒーって飲んだことあります？

立花　ありません。戦争中の飲み物ですか？

佐藤　戦争中にも飲まれていました。私は代用コーヒーを知っているんです。末期のソ連はコーヒーのために外貨を支出することができなくなって、モスクワではコーヒーの代わりに代用コーヒーが出されるようになったんです。

立花　どういう飲み物なんですか？

佐藤　大豆と、コーヒーの香りがする葉っぱを煎って粉末にするんです。それに牛乳を入れて煮込んで作るんです。その上澄みだけを飲むわけです。コーヒー牛乳に非常に近い味になります。ただ、問題はカフェインが入っていないこと。覚醒効果がないんです。

ソ連時代、「コーヒーにしますか、紅茶にしますか」と質問して、紅茶と答えたら保守派。コーヒーなら進歩派。ほぼ八割当たります。コーヒーはインテリの飲み物なんです。

ところでソ連時代のモスクワには喫茶店がほとんどありませんでした。あと、酒場や一杯飲み屋もほとんどなかった。とにかく喫茶店といっても大衆食堂型で、客に食わせたら、すぐ外に出してしまう。三十分いられる喫茶店がないんです。スターリンが政策としてそういうふうにしたんです。

立花 陰謀の場になるから?

佐藤 ええ。レストランのようにウェイターがいて、給仕できるところには必ず花とか燭台がある。そこに隠しマイクが付けられているんです。レストランにはすべて盗聴器が仕掛けられていて、ウェイターたちはKGBに定期報告しないといけない。だから、レストランで会合をやると、誰がどこに来ていて、何の話をしていたということが、全部筒抜けになる。

立花 盗聴器で客の会話を聴いて、記録するやつがレストランにいるわけ?

佐藤 そうです。それで、リストに挙げた**『コーヒー・ハウス 18世紀ロンドン、都市の生活史』**(小林章夫著/講談社学術文庫/佐藤155)が面白かったんですよ。コーヒー・ハウスというのは喫茶店の原型になった場所なんです。ロンドンといえば紅茶ではないかと思われるかもしれませんが、イギリスに紅茶が浸透するのはインドを植民地化して以降なんですね。その前はコーヒー文化があったんです。それで、コーヒー・ハウスに入ると、身分や職業に関係なくみんな平等に議論する。そこから政治的な空間(公共圏)ができてきた。

立花 面白いですね。

佐藤　この本を読んで、スターリンはよくわかっていたんだなあと感心しましたよ。コーヒー・ハウスの役割をちゃんと知っていた。だからソ連全土からなくしてしまった。ところが、バルト三国にはあったんです。第二次大戦中にソ連に併合されたバルト三国には喫茶店が残っていたんですよ。やはりそれが陰謀の場になっていた。

立花　なるほど（笑）。

佐藤　そういう場所には、メンバーシップとか何とかを決めずに不特定多数の人が集まる。次第に居心地のいい人たちの集団ができる。彼らがいろんな話をするうち、「今の世の中、なってねえ」という話になって、結束を高めていく。何かの権利義務関係があるわけじゃないから、ボランティアが集まる場となっていく。

立花　そういう意味では、今のいわゆるコーヒー・ショップ、例えばスターバックスとかドトールなんかは、我々の時代の喫茶店とは全然違う空間になっていますよね。陰謀を練る雰囲気は全くない。

佐藤　スタバやドトールで知らない人に話しかける人はまずいないでしょう。

立花　客がそれぞれ孤立していますよね。いかにも陰謀ができそうな喫茶店というのは、いつ頃東京からなくなったのかしら？

佐藤　バブル期でしょうね。喫茶店が地上げの対象になってなくなっていった。

新自由主義とどう戦うか

立花　今、昔ながらの喫茶店的な空間というのは社会のどこにあるのかしら？

佐藤　ミクシィでしょう。

立花　あっ、なるほど。会員制のブログサイトですね。

佐藤　ネット空間上なんだけれども、緩いメンバーシップがあるようなミクシィに喫茶店の機能が移転したのかもしれません。

立花　しかし、あれは権力が管理しようと思えばできる。

佐藤　もちろんできます。だから今後、たぶんミクシィのようなサイトで知り合った人たちが顔が見える形でも会おうよと言って会う。そうしてできたコミュニティが陰謀化してくる可能性があると思いますね。じゃあ、そういう人たちはどこに集まるかというと、公民館だと思う。公民館はかなり細かく部屋を貸し出しています。ホテルだと何万円もしますが、公民館だと半日借りても千五百円ぐらい。

立花　安いですよね。

佐藤　しかもけっこういい会議室なんですよ。一昔前の何かささくれだった畳の上にお膳を立てて、という公民館の会議室ではないんです。ホテルの会議室と遜色のないような会議室もあるんですよ。たぶんそういうようなところが陰謀の場になってくる（笑）。行政によって管理されている場ではあるんだけれども、実質的な管理はないですからね。逆に変なアジトをつくってしまうと、近隣住民から一一〇番されたり、ローラー作戦かなんかにひっかかったりしちゃう（笑）。

立花　陰謀グループでなくても緩く結びついたコミュニティがこれまでの出版文化を支えてきた側面があります。コーヒー・ハウス的な、インフォーマルな情報交換の場が消えたことと、本がどんどん売れなくなっていることは相当関係がある。

佐藤　復活させないといけないのは読書人階級ですね。本読む人っていうのは一つの階級ですから。最近、講演会で講演をしたときに感じることなんですが、十年前と比べて、質疑応答の時間に質問する人が減った。ところが、質疑応答の時間が終わった瞬間に、演壇の前に長蛇の列ができる。人々の間で、個別に聞きたい、情報をシェアしたくない、という意識が強くなっている。

現在のような不況期において人は、とにかく実用的な内容の本でなければ手に取らない。すぐ役に立つか、中・長期的に役に立つかが本を選ぶ指針になっているんです。そもそも役に立たないものには誰も投資をしない。明らかに新自由主義の影響が入ってきていますよ。

でも、新自由主義に対して逆行することをしても全く意味がない。新自由主義に乗っかりつつ、内側から新自由主義を壊していく。それが大事だと思うんですね。

第三章　ニセものに騙されないために

——小沢一郎、官僚は無能だ、ヒトゲノム

ロシアのユーラシア主義

立花　先日、エイゼンシュタイン監督の「イワン雷帝」をDVDで観たんです。

佐藤　いい映画ですね。非常に残虐だったと言われたロシアの初代ツァーリ・イワン四世を描いた三部作の映画です。スターリン時代に公開されたのは第一部だけ。第二部は当時の大粛清を彷彿させる内容で、スターリンの怒りを買って公開禁止。第三部はフィルムの大部分が廃棄させられてごく一部しか残っていません。

立花　第一部の冒頭が面白いんですよ。イワン雷帝の即位式の場面で、イワンが大演説をする。そこで言っていることは、要するにローマ帝国は滅びたけれども、モスクワを第三のローマにする。そして第四のローマは絶対にない、ということでした。この演説を聞いて、僕は、ロシアのプーチン首相の精神構造の基盤に、イワン雷帝と同じ発想があるんじゃないかと思ったんです。

佐藤　あります。強くあります。

立花　『スターリンとイヴァン雷帝』（モーリーン・ペリー著／成文社）には、「イワン雷帝」の第二部、第三部が公開禁止に至る過程で、スターリンとエイゼンシュタインにどんなやりとりがあったかが克明に描かれています。エイゼンシュタインは、実はスターリンを非常に高く評価しているんです。映画が作られたのは、ちょうど独ソ戦の始まる直前で、スターリンの圧政が一層高まった時期でした。エイゼンシュタインは、イワン雷帝の圧政を二重写しにする形で、スターリンの圧政の必要性をソ連国内に伝えようとした。そういう時代的なバックグラウンドがあったというんです。

佐藤　ロシアにはユーラシア主義という思想があるんです。一九一〇年代の終わりから二〇年代にソ連からソフィアやプラハなどに亡命したロシア人がこの思想を作るんですが、一言で言うと、反共親ソという奇妙な政治的立場です。共産主義、マルクス主義はダメだけれども、ソビエト政権は正しいという考えです。そして、ヨーロッパとアジアの両方に股をかけているユーラシアという地理的な条件の中から、ロシアという国の本質が見えてくるという思想なんです。

立花　一種の地政学ですね。ドイツ語で言うところのゲオポリティクス。

佐藤　ええ、その通りです。ロシアのファシズムといってよいと思います。つまり、ユーラシア地域には独自の発展構想があって、独自の文化がある。ヨーロッパともアジアともちがう基準で適用されるべきだという考えです。マルクス主義の呪縛を解いたスターリンは、ロシアにおけるファシズムを作ろうとしているとして、ユーラシア主義者によって肯定的に評価されたんです。

スターリンは、一九三〇年代に、ユーラシア主義を密かに取り入れ、「レーニン主義」を体系化する。これは、レーニン主義さえ押さえておけば、マルクス主義は、もう勉強する必要はない、ということを意味しているんです。レーニン主義というのは、イコール、スターリン主義なんですよ。その本質がユーラシア主義と私は理解しています。

ソ連というのは、宗主国なき帝国だったんです。そして、スターリンに対してまつろわぬ者（服従しない者）は暴力によってみんなやっつけてしまえばいい、という発想になります。逆にスターリンが支配するソ連共産党に忠誠を誓うならば、世界のどこに住んでいても、ソ連帝国の臣民になることができます。だから、ソ連がロシア・ナショナリズムに支配されていたと考えるのは間違いです。グルジア出身でロシア人の血が一滴も入っておらず、ロシア語もろくにしゃべれないスターリンが、国家の中心になったということは、ナショナリズムの原理からあり得ないからです。スターリンは読書家で、自分で文章を書いたんですが、彼のロシア語の表現力は高校一年生か二年生くらいの程度しかなかった。彼にとってロシア語は外国語だから、細かいレトリックが身につかなかったんです。彼は基本的にグルジア語で思考していた。

立花　プーチンに至るまで、そういう思想は継承されているんですか？

佐藤　その通りです。プーチンの発想はユーラシア主義そのものと言ってもいい。彼は地政学論者なんですよ。私は現役外交官だった一九九六年に、ゲンナジー・ジュガーノフという当時の共産党議長の論文**『ロシアと現代世界』**（佐藤優・黒岩幸子共訳／自由国民社／佐藤53）を翻訳したんですが、現代のロシアを地政学的にどう見るかを考察した本なんです。

立花　なるほど、地政学では、ユーラシア大陸を「世界島」と呼び、世界の中心はあくまでユーラシア大陸にあるとする認識から出発する。ロシアは世界島の中心国家だが、アメリカもイギリスも、地政学的には、世界島の周縁部でしかない。ロシア人が喜ぶはずです。地政学的には、世界島の中心国家は巨大な陸軍国家となり、周縁部分は巨大な海軍国家となって世界のヘゲモニーをどちらが握るかで常に対立しあうことになっている。冷戦時代の米ソ対立の根本にあるのがこの構図です。イデオロギー上の対立もあったけど、その底にはこの構図があった。

佐藤　その通りです。ジュガーノフは、ロシア大統領の座をめぐってエリツィンと激しく対立していたんです。ところが、ジュガーノフのこの本が出ると、大統領に就任したエリツィンは、この本のイデオロギーをすべて採用して、少し改ざんした形で新生ロシアのイデオロギーを作ったわけです。そしてその中からプーチンが生まれてきた。だから、『ロシアと現代世界』を読むと、プーチンの考えがわかるし、プーチンだけでなくロシアの政治エリートの考えがわかるんです。

ゲオポリティクスが国際情勢を読み解く鍵

立花　第一次大戦から第二次大戦にかけての時代、世界をそれぞれの国家がおかれた地政学的諸条件や、それぞれの保有する自然資源、ヒューマンリソース、軍事力、国家間の合従連衡関係などに力点を置いて分析していくゲオポリティクスが大流行していました。特にナチスドイツがこれを重んじて（彼らは世界島の中心をになうのは自分たちゲルマン民族だと思っていた）ゲオポリティクス研究所を作り、地政学的に自分たちこそ世界を征服する運命をになっていると考えていたのです。

ゲオポリティクスは歴史的にナチスの世界制覇の理論という側面を持っていたため、戦後日本ではすっかり人気がなくなりましたが、実はゲオポリティクスの起源はナチスドイツ以前にイギリスにあり、イギリス、アメリカが国家戦略として海洋国家論を確立していくのはゲオポリティクス論によっています。だいたい、戦後の冷戦構造を作ったのはゲオポリティクスによるのだし、特にアメリカがソ連に対して何十年にもわたって展開した封じ込め戦略は、ゲオポリティクスそのものです。要するに洋の東西を問わず、世界戦略を考えるということは、ゲオポリティカルに世界を見ることだというのが、昔も今も世界の常識なんですが、日本人には、この観点が全く欠けている。

戦前には日本人にもナチスゆずりのゲオポリティクスがあって、戦前の日本の地理学は、ゲオポリティクスそのものだった。しかし、戦後占領軍がゲオポリティクスは戦争の理論としてすべて禁止してしまった。地理学を学校で教えることをしばらく全面禁止していた。その後学校で教えることを許されたのは、地理学からゲオポリティクスの要素を一切取り去った地理学、すなわち、「人文地理学」でしかなかった。こうして、日本人は頭の中からゲオポリティクスが一切消し去られてしまった珍しい国民となってしまった。ゲオポリティカルに世界を見ることができないから、日本人は独自の世界戦略を立てることができない。

日本人に欠けている最大の教養アイテムはゲオポリティクスだと思います。

佐藤　その通りですね。

立花　ゲオポリティクスがないから歴史もよくわからない。一九三九年に、ソ連とドイツが不可侵条約を結びますよね。あれはゲオポリティクス政策そのものです。それぞれ世界島の中心国家と考える二国が手を取りあって、戦略的パートナーとなり、世界島を管理しようとした。それに対して、ゲオポリティクスがわからない当時の日本の総理大臣・平沼騏一郎は、「欧州の天地は複雑怪奇」という言葉を残して辞職してしまった。恥ずかしい話です。

ヒトラーと神聖ローマ帝国

立花　歴史的に世界島の中心をになってきたのは、ミッテル・オイローパ、中欧です。そこは、かつて数百年にわたって、神聖ローマ帝国と呼ばれる地域だった。第一次大戦の前まで、そこは、ドイツ帝国とオーストリア・ハンガリー二重帝国と呼ばれる大帝国が支配していた。

いまのドイツと東欧、中欧全域をスッポリおおうようにして二つの大帝国が成立していた。その巨大帝国が第一次大戦に敗れて崩壊し、バラバラの中小の不安定な民族国家群にわかれてしまった。それとならんで第一次大戦に敗れて崩壊したもう一つの大帝国が、オスマントルコに支配されていた広大な地域です。そこがやはり第一次大戦後の民族自決の波に乗って幾つもの不安定な民族国家群にわかれてしまった。こうしてヨーロッパ中央部分に政治的にも経済的にも不安定な民族国家群が生まれたことが、第二次大戦の遠因となっている。

第一次大戦ではドイツ帝国領邦バイエルンの連隊で伍長にすぎなかったヒトラーが、戦争に敗れて国家が解体し、経済的にも困窮状態にあったドイツ系民族国家を再び大国家として再建復興しようとしてはじめた右翼的政治運動（ナチス）が国民の人気を博し、やがて国家権力を握り、軍隊も再建し、バラバラになっていた旧ドイツ帝国、旧オーストリア・ハンガリー帝国の再建をはかろうとする。これがナチスの「第三帝国」です。そのときヒトラーの頭の中にあったのは、ヨーロッパ中央部を全面支配していた神聖ローマ帝国の再現だったから、彼は、神聖ローマ帝国の中心部をなしていたイタリアをファシズムで再建し、ローマ帝国の復活を目論んでいたムッソリーニと手を結ぶことになる。これが日独伊三国同盟の起源です。独伊の間には、神聖ローマ帝国再興という共通目的があったが、そういう歴史認識を共有しない日本がなぜそこにまきこまれて三国同盟となったのかというと、独伊は、世界制覇に欠かせない海軍力が弱かったため、イギリスとの対抗上、日本を仲間に入れたかった。また世界島の中心部分は握れても、その東よりの部分にドカッと居すわるロシア（ソ連）を東側から牽制してもらう必要があったからでしょう。日本はドイツの緒戦の勢いに幻惑されて、「バスに乗り遅れるな」とばかり、独伊の戦争に乗ってしまった。歴史の流れを冷静に読み切れなかった。リストに入れた**『ドイツ第三帝国』**（ヘルマン・グラーザー著／中公文庫／立花156）、『ムッソリーニ』（木村裕主著／清水書院／立花157）、**『ワイマル共和国』**（林健太郎著／中公新書／立花158）が、そのあたりの状況を考える参考になると思います。**『東ゴート興亡史　東西ローマのはざまにて』**（松谷健二著／中公文庫BIBLIO／立花155）、**『ヴァンダル興亡史　地中海制覇の夢』**（松谷健二著／中公文庫BIBLIO／立花154）は、ゲルマン大移動からゲルマン民族の歴史を描いています。たまたま本屋で面白そうなのでめくって見つけた本です。ゲルマン民族は、どういう民族でどこから出てきてヨーロッパ全土を覆う巨大勢力になったのか。東西ローマ帝国のはざまで五世紀に栄えた東ゴート族、五～六世紀にかけて地中海に君臨したヴァンダルというふたつのゲルマン系民族の動きまで遡ると、ナチス時代の地政学の起源も見えてきます。ヨーロッパの歴史はゲルマン民族大移動までさかのぼらないとわからないことがわかります。

佐藤　この二冊は大きな通史や大きな世界を描いていますよね。しかし、困ったことに九〇年代半ばぐらいからか、通史という立場を取らない世界史の講座本が出版されるようになってきていますね。ポストモダンの悪しき影響なのでしょうか。フランス革命ひとつとっても、ジェンダー問題やハイチの黒人革命に与えた影響は論じられているのに、肝心のロベスピエールが出てこない（笑）。

立花　ほんと、今風の歴史はダメですね。

佐藤　枝葉末節な議論をしないと学会で評価されないからでしょうか。通史を侵略史観と非難したい気持ちは理解できます。しかし、実務家の私としては、日本のアカデミズムがこのような状況だと非常に困るわけです。中央公論の「世界の歴史」が文庫本でいつまでも売れ続けていますが、これは通史に徹しているからなんですね。

秘密警察

立花　また映画の話なんですが、以前評判になった、東ドイツが舞台の映画「善き人のためのソナタ」がありますよね。それを最近観たらものすごく面白かった。

佐藤　観ていませんが、そのストーリーについては雑誌で読みました。国家保安省（シュタージ）の局員が、反体制の疑いをかけられたある劇作家を盗聴器を使って監視する――東ドイツの監視社会を描いた作品ですね。

立花　先ほど、ソ連時代の佐藤さんのご経験の中で、レストランにマイクが仕掛けてあって、全部盗聴されているというお話がありました。しかしこの映画を見ると、東ドイツでやっていたのはもっと組織的で、凄まじい盗聴だったようですね。シュタージの組織の上層部から末端の現場まで、詳細に描かれているから、驚きでした。盗聴する人、される人の心理的葛藤、盗聴技術の詳細、盗聴内容がどのように保存され、どのように利用されるかなどが見事に描かれていました。

佐藤　ロシアでKGBの幹部に言われたことがあるんです。「東ドイツとチェコスロバキアの秘密警察は怖い」と。なぜかというと、KGBの伝統とゲシュタポの伝統の両方が入っているからなんです。ロシアのKGBには、案外スカスカで、抜けたところがあるが、あのゲシュタポの緻密さと、KGBの野蛮さ、その両方が合わさっているから、東ドイツとチェコスロバキアの秘密警察は怖い、というわけです。

立花　ロシアはそれほど厳しくないんですか？

佐藤　東ドイツやチェコスロバキアほど徹底的でないんです。『フルシチョフ回想録』の中にこんな話が載っています。フルシチョフの息子セルゲイに「お父さんに対する陰謀がありますよ」という電話がかかってきた。そこで息子がお父さんを助けるために走り回る。それは共産党員としての規律違反だとして、KGBが息子を取り締まろうとした。その動きを中央委員会政治局の誰かが「いいじゃないか。息子が親父のことを心配して動いているので、ガタガタ言う必要ないだろう」と言って止めたんです。

立花　ソ連の場合はそれぐらいで済むんですね。

佐藤　そうなんです。ところが、東ドイツだと、そのへんをギリギリと詰める。

立花　「善き人のためのソナタ」の主人公は、複雑なバックグラウンドを持っている人で、盗聴しているうちに、影響を受けて、彼の行動が変化していく。そこが面白いんですが、ギリギリと追いつめられて、まさしく手がワナワナみたいな、そういう場面があります。

佐藤　東ドイツの小説って案外面白いんですよ。古本でしか買えませんが、三修社から出版されている『現代ドイツ短編集』というアンソロジーが面白い。アンナ・ゼーガス『決闘』とか、シュテファン・ヘルムーリン『女司令官』などが収められています。いずれもナチスの残党が物語の中で重要な役割を果たす。東ドイツの小説では、結構ナチス残党が活用されているんですが、それはそれだけナチスの残党が東ドイツにたくさんいたからです。その連中を排除したら社会が成り立たない。だから、どうしてナチスの連中が東ドイツには、こんなにいるのかということを説明している作品がすごく多いんですよ。

立花　どんな社会でも、大きな体制変革があると、一見社会全体が大きく変わったようで、実は社会のいたるところに前の体制の残党がしっかり残っている。日本でもそうでしょう。明治維新で、江戸が東京になっても社会の本質はそんなに変わらなかったし、大日本帝国が民主国日本になったときも、やっぱりそうでした。そして時間がたつと前の時代をなつかしむ動きが出てきたりする。

佐藤　ええ。最近、ドイツで、東ドイツ問題が出てきて、メルケル首相が「東ドイツを美化するのはいけない」ということを非常に強く言っている。でも東ドイツの面白さって、やっぱりそういう小説からも伝わってくるんだと思うんですね。

東ドイツと西ドイツの関係で非常に面白いと思うのは、レクラム文庫なんです。レクラム文庫は東西がそれぞれ独自の編集方針にしたがって、並行して出していたんですよ。

立花　あっ、そうなんですか。それは知らなかった。岩波文庫のモデルになった文庫ですね。

佐藤　それで、お互い必死になって競争するんです。たとえばカントの著作を出すときも、異なる解説を付けて製品差別化をはかる。双方のレクラムを比べてみると面白いんですよ。

立花　そうすると、東ドイツ側は解説の中で共産主義的なことを何か主張してたりしたんですか。

佐藤　必ずしもそうじゃないんです。テキストクリティーク（資料批判）としてどちらが優れているか比較すると面白いんですよ。

立花　僕の学生時代、けっこうレクラム文庫を教科書に使っている授業がありました。

佐藤　それは西のレクラムです。東のレクラムが日本に入ってくるルートはほとんどなかったんです。一九七〇年代以降、東のレクラムはすべて新書判になりました。両方とも「レクラム」と書いているんですが、西ドイツのレクラムは文庫のままでしたから、一見して東西どちらのものか判別できたんです。ところが東西ドイツ統一後、合併してから、つまらなくなった(笑)。

自民党戦国時代

佐藤 日本の政治は今、つまらないと私は思っているんです。でも、だからこそきっちり見ておく必要がある。立花さんは**『戦後保守党史』**(冨森叡児著/岩波現代文庫/立花144)、**『自民党戦国史』**(伊藤昌哉著/ちくま文庫/立花145)を挙げていらっしゃいますね。『自民党戦国史』は面白い本ですね。

立花 ええ。物語として抜群に面白い。自民党戦国時代とは、史上最長の政権と呼ばれた佐藤内閣(一九六四〜一九七二)が倒れたあと、いわゆる「三角大福中」と総称された田中角栄、福田赳夫、大平正芳、三木武夫、中曾根康弘といった、それぞれ大きな派閥を率いる実力者たちが、権力の座をかけて、血みどろの闘いをつづけた約二十年間をいいます。

権謀術数うずまく中で、合従連衡が繰り返され、互いに欺しあう。脅迫があり、買収があり、裏切りがある。政治決定や官民の重要ポストの座をめぐって札束が飛びかったりする。金と女のスキャンダルの暴露がある。智力、体力、金力のかぎりをつくし、互いに覇を競いあった時代です。

結局この間に五人の実力者全員が総理大臣になります。田中角栄↓三木武夫↓福田赳夫↓大平正芳（↓大平急死↓鈴木善幸）↓中曾根康弘の順で、その間に、主流派が角三大中↓三中↓大角福↓大角↓鈴角↓鈴角中と移り変ってゆきます。この間に、「四十日抗争」「五・一六政変」と呼ばれる反主流派が造反を起して時の政権を倒すクーデター事件と、時の政権が決まらぬまま抗争をつづける政権不在時代がはさまったりします。またこの間に六回の衆院選と五回の参院選があり（うち二回は衆参ダブル選挙）、自民党が大勝したり、惨敗を喫したりします。またその間にロッキード事件が起り、前首相の田中角栄が逮捕されて裁判にかけられるという大事件が起きます。その後、刑事被告人として裁判にかけられたままの田中角栄が自民党の外に出ながら自民党の最大派閥を率い、田中の意向で時の政権が決まっていくという「闇将軍時代」がつづいたりします。この間の各派入り乱れての凄絶な権力抗争時代を指して、「戦国時代」といっているわけです。

この時代が、自民党にいちばんパワーがあった時代で、このあとの時代の政治地図はすべてこの時代の延長線上にあります。従って、今の政治状況も、背景としてこの時代を知らないとわからない。政治の舞台に登場する主立った人物を具体的に知らないと「今」が読めません。

こういう時代の政界の裏の裏が描かれていったのは、著者の伊藤昌哉という人の独特の性格がしからしめている面があります。

佐藤　西日本新聞の記者から、池田勇人の秘書になった人ですね。池田政権が発足すると、首席秘書官として活躍しました。池田の死後、今度は大平正芳の側近となり、大平政権の実現に尽力します。

インテリゲンツィアと権力党員

立花　**『新編　後藤田正晴　異色官僚政治家の軌跡』**（保阪正康著／中公文庫／立花[143]）は、その観点から入れました。『自民党戦国史』でわかるのは、田中角栄中心に自民党がまわっていた時代で、それ以後は、田中派から竹下派が外に出て政権を取ってしまうけど、竹下もリクルート事件で倒れてしまう。しかし、中曾根内閣のあと、旧田中派＝竹下派＝経世会が旧大平派＝鈴木派＝宮沢派といっしょになって保守本流を形成して長く政界を支配する時代が竹下内閣、海部内閣、宮沢内閣とつづきます。そこで自民党が分裂して野党大連合で細川内閣が成立したあと、橋本内閣、小渕内閣となおも経世会内閣がつづきます。この後半の自民党最後のドラマの主役は、金丸信・小沢一郎で、それも、佐川急便・金丸事件ですべてが吹っ飛んでしまい、自民党の時代は終るのですが、この後半のところを少し外れた場所から冷静に見ていたのが後藤田で、後藤田は田中角栄時代の末期に角栄の懐刀として活躍し、中曽根内閣時代に官房長官として取りたてられ、一時は、後藤田内閣の声もかかったが、本人はそこまでの野心は持たなかった。しかし、一九九六年に引退するまで、終始独特の影響力をもちつづけた人です。この本は、「新編」なので、旧版のものにいろんな資料が加わって、その部分が面白いんです。

佐藤　『自民党戦国史』の番外編としてうかがいたいんですが、「文藝春秋」（七四年十一月号）の「田中角栄研究　その金脈と人脈」で、角栄を失脚に追い込んだ立花さんもプレーヤーの一人ですよね？

立花　まあ、そういうことになりますね。

佐藤　「諸君！」「文藝春秋」などの編集長を歴任した堤堯さんが月刊「ＷｉＬＬ」で二〇〇九年一月号から「ロッキード事件とは何だったのか？」という連載をしていて、興味深く読んでいるんです。堤さんによると、田中角栄から毎年ずっと漬け物が贈られていたのが、「田中角栄研究」発表の後から来なくなったそうです。

立花　そうですか。僕が文春に入社したとき、直属の上司が堤さんでした。「お前、ついてこい」と言われて、よく取材のお供をしていました。後に角栄の取材をしているときに、堤さんが僕に聞かせた話があるんです。草柳大蔵さん（評論家。一九二四〜二〇〇二年）が、目白の田中邸で角栄を取材した後、角栄が草柳さんに何か封筒をつかませようとするんです。中身が金であるかどうかはわからない。でも、その可能性は高い。

佐藤 それしかないでしょう。

立花 草柳さんは、それを察知するわけです。それで、取材に同行した堤さんに「逃げよう」と声をかけて田中邸を逃げ出してきた。そういう話を聞かせて、「お前、気をつけろよ」と。角栄は、物書きを抱き込むためにけっこういろんなことをやっていたんですね。

佐藤 抱き込まれたらダメですよね。ところで立花さん、角栄という権力者を相手にして怖くなかったですか。

立花 怖いということはぜんぜんなかったですね。

佐藤 本当に？

立花 ええ。権力者を怖がるという心理が、子供のときから全くありません。これは、クリスチャンだった母親の影響があるかもしれません。よく「肉体を殺すことができても、魂を殺すことができない者を恐れるな」と聞かされて育ちました。父親もクリスチャンで終始政治的には野党的立場にいました。ジャーナリズムの一角にいたから権力者は常にバカにすることをもってよしとする立場だった。だから家庭には権力者を恐れる空気は絶無なんです。権力者を畏敬する、尊敬する空気が全くないんです。

佐藤 マタイ福音書の第十章二十八節ですね。イエスが、ローマの権力を恐れる弟子たちに言った言葉です。

立花　要するに、世俗権力を恐れるな、神のみを恐れよということです。僕はクリスチャンにはなりませんでしたから、両親とちがって神もほとんど恐れないできましたね。

佐藤　立花さんは、ロシア語で表現すれば、インテリゲンツィアだと思うんです。権力にとって都合の悪い存在。日本には非常に数少ない。

立花　ハッハッハ。

佐藤　立花さんは権力党員では決してない？

立花　権力党員？

佐藤　そう。私の理解では「権力党」という政党があるんです。ロシア語で「パルチヤ・ブラスチ」。パワーの政党です。これは自民党とか民主党、新進党、日本新党といった具体的な政党とは関係ないんです。権力というのは常にどこかにありますよね。その権力から常に外れない権力党員というのがいるんです。

立花　なるほどね。

佐藤　権力党員である条件は、権力の一番の中心には入らない。堺屋太一さんのように閣僚になるとか、あるいは政府の諮問委員になってしまうと権力党員からは脱落する危険性がある(笑)。権力は、いつかどこかで入れ代わりますから。権力に批判的な姿勢を取りながら、必ず権力の内側にいる。これが権力党員のコツですから、常に建設的批判者でなければならないんです。建設的批判者だといっても、反体制的、左翼的にはならないんです。

私の考えでは、ニュースキャスターで評論家でもある田原総一朗さんは、ホンモノの権力党員なんです。私は田原さんを大変に尊敬しているんです。なぜかというと、独特の技法を持っていないと権力党員の党籍を維持できないからです。これは皮肉で言っているのではありません。メディアと政治をつなぐ回路として権力党員はとても重要です。しかし、立花さんは田原さんとは決定的に違う。権力党員ではなく、インテリゲンツィアなんです。

小沢はミニ角栄か？

立花　麻生政権の低迷から、いよいよ政権交代が現実味を帯びてきました。佐藤さんは、山口二郎さんの**『政権交代論』**（岩波新書／佐藤150）を挙げていますが。

佐藤　はい。健全な民主主義のために、政権交代が必要であるというのが山口さんの主張です。ともかく彼は支配政党が嫌いなんです。だから民主党が権力を取ったら、彼は民主党が嫌いになると思う。

ところで、今年（二〇〇九年）三月、東京地検特捜部は、当時の民主党代表・小沢一郎さんの公設第一秘書である大久保隆規さんを逮捕、起訴しました。容疑は、政治資金規正法違反。

その翌月、立花さんは、朝日新聞編集委員の村山治さんと「文藝春秋」誌上対談「小沢一郎の罪と罰」を発表されました。実は、その後小沢さんにあったときに、この記事を読んでもらったんです。それで「これ、ポイントを突いていると思いませんか？」と訊いたら、「そうだな。ほんとにそう思う」と言っていました。

立花　具体的にはどのあたりですか。

佐藤　立花さんの発言で、こんな箇所があるんです。《興味深いのは、小沢代表が突然、「企業献金、今回問題になっている団体献金を全面的に禁止する」と言い出したことです。もし民主党が本当にその方向に向かえば、党の性格は劇的に変わる。それは皮肉にも小沢的な政治構造を排除することになり（略）》というあたりです。小沢さんは、自分自身を解体するということも含めて、本気でやりたいと思っている。

立花　そうですか。

佐藤　小沢さんは企業献金と団体献金は政治のゲームのルールとしておかしいと気づいたわけですね。たとえば企業の代表取締役が検察に捕まって「あんた、これ、自分の会社に優遇してもらいたいと思って献金したんだろう？」という質問をされる。「とんでもないです。これは無私の気持ちでやりました」と答える。そしたら今度は、「おお、そうか。それじゃ、あんた、それやって、株主との関係で大丈夫か、こんなことで金を使って。特別背任だぞ」と追及される。要するに企業献金がある限り政治資金は背任か、贈賄か、どっちかでないとあり得ないわけですよね。それから、団体献金がある限り、政治資金は無税で相続できる。そんなシステムはまずいわけです。もし小沢さんが自分の言葉を守るんであれば、「ニュー小沢」にならざるを得ない。それができるかどうかが彼にとって試金石になるでしょう。

立花 僕は、五月の小沢の辞任、その後の民主党代表選を見ていると、小沢は闇将軍、あるいはミニ角栄になりつつあるように思いました。代表選は、岡田克也と鳩山由紀夫の一騎打ちでしたが、岡田が勝つ可能性は万に一つもなかった。あのとき、代表選を早くやりたい鳩山を推すグループと、先に延ばしたい岡田を推すグループの激しい攻防がありました。少しでも先に延ばそうというグループと徹底的に闘ったのが小沢です。

佐藤 自らが過渡期の人物だということを小沢さん自身、認識できるかどうかが鍵だと思います。彼はバトンは持っているんだけれども、持ち時間は極めて短くて、次の人に渡さないといけないんです。私は小沢さんが変容する可能性は高いと見ています。政治家の自己改革能力というか、変換能力というのはけっこうある。私は鈴木宗男さんを見ていたから、わかるんです。

立花 鈴木宗男議員との関係において、佐藤さんも、ある時期、政治のプレイヤーを演じました。

佐藤　いや、プレイヤーというような大きな役割ではありません。小判鮫のようなものでした。突き放して見てみると、鈴木さんは、権力を金に換えるというメカニズムを明らかに持っていた。だから、叩きつぶされた。ただ、田中角栄さんとのちがいは、蓄財に関心がなかったことです。それからまた、佐藤昭さんのような女性のパートナーもいなかった。奥さんとか、娘とかの顔を非常に気にする、田中さんとはちょっとちがうタイプなんです。しかし、権力を金に換えるという意味では、田中角栄型の政治家であったわけです。

もう一つ、鈴木さんが田中角栄型だといえる部分は外交です。田中さんの対中外交も、対ソ外交も、密室外交でした。外務省ときちんとした話をした上で進めるのではなく、独自の連絡員を使って、向う側との連絡を取っていました。そういう部分を、鈴木さんは継承していた。

立花　つまり佐藤さんを利用した。

佐藤　正確に言うと、外務省が私を鈴木さんに差し出したのです。鈴木さんが独自に民間のロビイストを運営するよりも、私にその役割をさせた方が外務省の省益にかなうと考えたのでしょう。いずれにせよ私が外務省の人間だったからよかったわけです。もしこれが別の、とんでもない何かの思惑を持った人間を使ったら、どういうふうに流れたかわからない。検察は、そういう危険性がある密室外交を終らせようとしたんでしょう。

立花　田中型の金権政治、田中型の外交を、検察は鈴木宗男で終らせようとした、と。

佐藤　そう思います。しかし、そのDNAは、小沢一郎さんに生きているわけです。ある意味で、小沢一郎さんというのは最後の田中角栄現象なんですよ。この先、田中角栄的なる政治を継承できる人はいないでしょう。だから、田中角栄的なるものに対して弔辞を読むという歴史的な役割を彼は与えられている。もし小沢さんがその弔辞を読むことに躊躇すれば、彼は叩きつぶされて終わり。誰によって叩きつぶされるかといったら、検察ではない。国民によって叩きつぶされる。

立花　宗男事件以後、外務省は変わりましたか。

佐藤　まず国際情報局を国際情報統括官組織と改組しました。局だったものを局以下の組織に代えた。人数も減らして、金も使わせないようにした。しかも、そこに配属されても三年間で異動する「三年間ルール」を作った。要するにこれは専門家ができないシステムなんです。三年でポストが代わったら、情報はつきません。ノンキャリアの私のように同じポストに長居していたから情報が集まるんです。有力な政治家は実際のことを知っているやつの話を聞きたいから局長とか課長を飛ばして私とコンタクトを取る。要人と会うのに大使なんかを迂回して、下っ端でも情報をもっているやつを使う。その例が私だったわけです。そうすると、外務省の秩序が壊れる。外務省の秩序が壊れるよりは、情報がないほうがいいというのが外務省の判断なんです。

立花　ハッハッハ。

佐藤　しかし、それは外務省という官僚組織を維持するという観点から見れば、結果として正しいんです。外交がこんな体たらくであっても、外務官僚が相対的に政治家より強いという状況は維持できています。もちろん国際的な外交戦において日本外務省は負け続けています。しかし、日本国内における対永田町戦略には常に勝利する。こういう構造になっているんですよね。だから、今後も外務省は絶対に個別問題に通暁している専門家はつくらない。その専門家をつくると、ある段階で、その専門家が確実に政治家とくっつくからです。

政治は酔っぱらいの世界

立花　中江兆民の**『三酔人経綸問答』**（岩波文庫／佐藤[121]）を挙げたのはどうしてなんですか。

佐藤　この中に、社会主義思想も、リベラリズムも全部入っているからです。中江兆民は貴族院議員だったんですが、アルコール依存症でまともに投票できないという理由で議員を辞めた。自ら「アル中」と言って議員を辞めたのは後にも先にも彼一人と思います。

立花　大臣を辞めた人（中川昭一元財務大臣）はいます。議員は辞めてませんが。

佐藤　ただし今回の選挙で落選しました。南海先生は、政治なんて酔っぱらいの仕事だと言って、政治を小馬鹿にしている。中江兆民は、世の中の現象をこの本の中に凝縮しているんです。中江兆民について今知られていることって、キンタマ酒。キンタマに酒を注いで、人に飲ませた話がありますよね。

立花　ハッハッハ。それ、政治の本質なんですか。

佐藤　そうですよ。昔、赤坂の料亭で、鈴木宗男さんの前で「おしめ換えてくれ」とやる東大卒のキャリア官僚がいた（笑）。お腹を出すことによって、政治家に無限の忠誠を誓うんです。若い国会議員でも、「先生の前で隠すものはありません」と言って、素っ裸になって、オチンチンを股にはさんで、山本リンダの「こまっちゃうナ」を歌っている場面も見ました。こういう官僚、政治家たちの姿を見たので、中江兆民のキンタマ酒がやはり政治の本質だと思うんです。

私が官僚になって唯一面白かったのは、最高権力者の姿を自分の目で見たことです。まずロシアにおいてクレムリンの中に出入りするようになった。そのため私に利用価値を認めた橋本さん、小渕さん、森さんという三総理のところに出入りできるようになった。外務省の幹部たちも便利だから、適宜、私を使う。それによって、私はほかの人が見ないような舞台裏を東京で見ることができた。政策決定がいかにして行なわれるのか。どの程度の品性の人たちがどのへんのポストにいるのか。一見品性が悪いと思われているけれども、実は品性がよい人がいるとか。それが面白かったですね。だから、その数年間で見たことだけで、あとはもういい、と思っています（笑）。

官僚の能力劣化

立花 自民党の戦国時代、一九七九年の四十日抗争のように、政治がストップする事態が何度かありました。当時よく言われたことは、いくら政治がストップしても、日本は官僚がしっかりしているから大丈夫だということです。

佐藤 しかし実際はちがったのではないかと思います。

立花 いや、かなり当たっている部分があると思うんです。明治期、大日本帝国憲法において、天皇と官僚は直接結びついていました。それに対して、憲法上、政治にはそれほど大きな役割が与えられていなかった。天皇にすべての主権があって、天皇に直結する官僚が国を動かすシステムだったんです。だから、政治家は自分たちが政治を動かしているという幻想を持っていますが、実際にはずーっと官僚が国家運営を切り回していた。これは日本の政治の基本構造で、戦後も実態としては変わっていない。

佐藤 ただ、政治家は官僚の人事に影響を持っています。

立花 そう。それはあります。

佐藤 だから官僚には、政治に対して対抗するため、能力を高めないといけないという意識があった。ところが、今の官僚の一番の問題は能力低下の問題です。横着だとか、品性が悪いと言って官僚が批判されることがありますが、横着で品性が悪いのは昔からなんです。今の問題は、官僚の能力が著しく落ちていること。

外務省のロシア語通訳はかなりひどい。ロシア政府の公式ホームページを観るとよくわかるんです。森喜朗さんや小泉純一郎さんなど、日本の要人とロシア政府要人が会談をすると、そのときの冒頭取材の発言記録がホームページに掲載されるんです。日本側発言を観てみると、「通訳されたまま」というロシア語が出ている。どういうことかというと、メチャクチャなロシア語で、原発言がどうだったか、よくわからなかったという意味なんです。

立花 内容が理解できなかったから、そのまま載せたという断りなんですね。

佐藤 そうです。その日本側発言というのは、仮に日本語に訳してみると、こんな感じです。「あんたさん、ロシアの大統領さんだった。あたい、日本の首相だった。そのとき、二人話して、うまくいった。うまくいったのは何？　それ、戦略的行動の計画ね」これがロシア政府のホームページに出ている。国の恥です。

立花 どうしてそこまでの能力劣化が起こったんですか？

佐藤 理由は簡単なんです。通訳をできるようになりたいという動機がないんです。外交官にとって通訳は追加的な業務。余計な仕事なんです。それにもかかわらず誤訳をした場合には責任を負わされる。だから、通訳から逃げたい、という心理が働く。逃げるために一番いいのは何か？　それは、通訳できないこと。昔は「できない」なんて言えませんでした。しかし、いまの霞ヶ関には、「できない」と言っても許される文化が生まれているんです。

立花　政治家と官僚の関係も変化しましたか？

佐藤　五月に元外務事務次官で、政府代表の谷内正太郎さんが、北方領土の三・五島返還論を言った言わないでいろんな憶測を呼びました。この谷内さんという人が、森喜朗さんは大っ嫌いなんです。「この谷内の野郎は許さない」と言って、怒っている。なぜかというと、外務省で、日露賢人会議というものを作って、森さんが日本側座長に就任しました。あるとき外務省のロシア課長が森さんに「ロシア側は賢人会議をやめようとしていますから、森さん、賢人会議の座長を降りてください」と言った。それで森さんは辞めた。外務省は次にロシア側には「森さんが辞めたいと言っています」と言って、賢人会議をつぶしちゃったんです。

その心は何か？　森さんと話し合いました。「これは第二の鈴木宗男をつくりたくない、という谷内の判断でしょう」というのが、森さんと私の結論でした。つまり、賢人会議という枠組みを通じて森さんが、ロシアにしょっちゅう行って、人脈を強化する。そうすると森さんはロシア情勢に通暁して、官僚に依存せずに情勢を動かすことができるようになる。外務官僚たちが思っているような形での対露交渉はできなくなる。だから、外務省としてはロシアに通暁している政治家がいなくなる枠組みをつくりたい。そこで、安倍晋三さんや麻生太郎さんに近い谷内さんがロシアとの関係をつくった上で、賢人会議をつぶしにかかったんです。今の官僚は、政治家と切磋琢磨しながら知識を身につけ、政治家と闘うというやり方ではなく、政治家を排除することによって自分たちに有利な状況をつくろうとしている。谷内さんはそれが国益にかなうと考えたのだと思います。

スパイ小説でダークサイドを知れ

佐藤　教養というのは、試験の成績がいいのとは別です。女性の外交官って結構、大変なんですよ。入省するときの成績は抜群にいいんです。ところが、十年経って、使いものになる人がほとんどいない。

立花　似たような現象は、あらゆる企業で聞きますよ。雇用機会均等法以降、女性総合職を採用するようになった。ところが、就職試験で、男女を同じ基準で採点すると女の方がはるかに高い点数を取ってしまう。男にゲタを履かせないと合格させられない。

佐藤　外務省専門職員の採用試験にかかわった上司から「点数だけで評価したら、男女比は八割女性になる」という話を聞いたことがあります。

立花　だからもし点数だけで採用すると女性ばかりになってしまう。でもそれだとかえってうまくいかないことがあります。試験には反映しない男の能力があって、採用して何年か経つとそれが表に出てくる。

佐藤　外務省の場合、女性が何で失敗するかというと、男でしくじることが多いのです。

立花　ほう、そうですか。

佐藤　たとえば外国人の恋人を作って妊娠しても早い段階で誰にも相談しないんです。それで、堕ろせない状態に至ってから相談する。外国人の恋人を作ること自体を禁止することはできません。しかし、外交は総力戦。妊娠したら、その後、どうなるかを考えるべきなんです。その恋人が秘密警察だったというようなことが現実にあるのです。

立花　そういう目に遭わないためにも、読書経験を積んで疑似体験をして、事例研究しておく必要がありますね。

佐藤　ええ。ポルノ小説とか犯罪心理学の専門書を読んで、妄想をもっている男たちがいるということを知っておく必要がある。

立花　週刊誌の俗悪な記事を沢山読んでいる人の方が、知恵がつくんですよ。

佐藤　俗悪な部分をすべて捨象して、上澄みだけでできているのが今の公務員試験ですよ。俗悪な部分も問題にすればいいんですけどね。

立花　人間のダークサイドに関する情報が、現代の教養教育に決定的に欠けていますね。この社会には、人を脅したり、騙したりするテクニックが沢山ある。それは年々発達しているから、警戒感をもって、自己防衛しないと、簡単に餌食になってしまう。虚偽とは何か、詭弁とは何かについて学んでおくべきですね。

佐藤　同感です。モスクワにいた頃、こんなことがありました。KGBが、男の外交官や新聞記者を女性関係で引っかけることはよくあったんですが、女性だけじゃないんです。女性だけなら、外交官なり新聞記者が妻帯者だとしても、奥さんとの問題をクリアできれば、まあ、何とかなる。ところが、浮気相手の女性と関係を重ねるうちに「ちょっとこれ吸ってみない?」と、大麻を吸わされる。そして、大麻を吸ってすごくいい気持でセックスしているところを現行犯逮捕されるんです。そうすると、女性関係をクリアできても、麻薬はクリアできない。法廷に出たら、日本政府なり新聞社が大打撃を受ける。それを前提に、「じゃあ、この件をもみ消してあげるから……」という交渉を向こうは仕掛けてくるわけです。私は外務省で教育係をしていたときに、こういう実例を挙げて、組織として助けられることと助けられないことがあるということを教えていました。いちばん役に立つのは、スパイ小説ですよ。そういうものを読むと、想像の幅が広がるんです。

立花　大学の教養課程でも、「暗黒社会論」、「悪の現象学」的なコースを設けるべき。悪徳政治家、悪徳企業のウソを見破る技法、メディアに騙されない技法を教えることが現代の教養には欠かせません。

佐藤　あと、私は「嘘をつくな」という教育も必要だと思うんです。優等生は嘘をつくんですよ。モスクワ時代、こんな実験をよくやりました。まず私が、ロシア外務省にＦＡＸを送信する指示を部下に出す。彼が送信し忘れているのを見計らって、「ＦＡＸを打ったか？」と訊く。このやりとりで、部下がどの程度嘘つきか、実験するわけです。

立花　なんでわざわざそんなことを？

佐藤　外務省で部下が嘘をつくと外交戦争が起こることがあるからなんです。それで、私の実験では、九割が「打ちました」と嘘をつく。慌てて打てば済むと思っているわけです。ＦＡＸには発信時間が記録されるからごまかしようがない、ということに気づかない。こちらはＦＡＸが着いていないということをロシア外務省に確認済みです。時に大声で怒鳴ったりとか、モノを投げたりして厳しく叱った。

どうしてこんなことをしていたかといえば、以前、日ソ間でビザ戦争が起こったことがあったからです。日本からソ連へ電信官が赴任しようとしたところ、ビザが下りない。電信官がいないと電報が打てない。日本側は混乱しました。ソ連側に尋ねると「日本側がしたことについて、よく考えてみてください」というわけです。調べてみると、それより二週間前に、ロシア人運転手に対してビザを出していなかったことがわかった。で、その運転手、実はＫＧＢの要員だったんです。ソ連側は、その要員が日本側のブラックリストに載っていて、そのために日本はビザを出さなかったと考えた。その対抗措置として、電信官にビザを出さなかったわけです。ところが、その要員は、日本のブラックリストに載ってない。じゃあ、どうしてビザが出なかったかというと、ビザを出す決裁が下りた書類を、たんに若い研修員が自分の机の中にもぐらせたまま、「ビザを出せ」という指示電報を打たなかったからです。こうなるともう外交戦争ですから、そいつのビザを出せない。

立花 早めに手を打っていれば、避けられた事態ですね。

佐藤 ええ。もし初動の段階で、「あっ、ごめんなさい。忘れていました」と言いだしていれば、「馬鹿者!」と怒られはするけれども、致命的な失敗にはならない。ロシア側に「我が方に技術的なミスがありました」と謝れば済む問題です。嘘をつく部下がいると、傷口が広がって取り返しがつかなくなることがあるんです。

だから私は、嘘をつかない限り、部下のどんなトラブルに対しても、絶対に叱らなかった。どんなトラブルがあっても、私に申告してくれれば、上司との関係においてもトラブルを起こした奴の味方をした。そうすれば私のところに相談に来ますから。

日本の官僚の独自命令「うまくやれ」

立花　とはいえ、組織が大きくなるにつれ、官僚化が進むのは避けられないものかもしれません。

佐藤　ええ。情報機関も例外ではありません。**『CIA　失敗の研究』**（落合浩太郎著／文春新書／佐藤143）は比較的最近の事例を取りあげて、CIA神話に対してメスを入れています。特にこの中で面白いのはエイムズ事件です。

立花　CIAの対ソ防諜部長だったエイムズが九年間にわたり、KGBに情報を流し続けていた事件ですね。史上最大の二重スパイ事件と言われています。

佐藤　どうして九年間も発覚しなかったのかと言えば、CIAの内部チェックがうまくいっていなかったからです。それはCIAが非常に官僚化していたということなんです。

立花　CIAだけじゃなく、イスラエルのモサドやイギリスのMI6などの情報機関もやはり官僚化している？

佐藤　それなりに官僚化しています。しかし体質はかなりちがう。それはインテリジェンスに対する哲学がちがうからです。インテリジェンスを芸術と見るか、技術と見るか。その哲学が組織の性格を変えるんです。

モサドやMI6は、明らかにインテリジェンスを芸術と見ています。芸術的な感覚がないと政治も外交もわからない。インテリジェンスの問題に従事する人間は天才でないといけない、そういう適性がないといけないという考え方なんです。大学入試でいうと、東大ではなく藝大に合格するような能力ですね。そうすると、余人をもって代え難い情報の神様みたいな人が生まれます。断片的な秘密情報から、全体的な構図が描ける人です。情報を一元的に管理している人がいれば、組織運営はスピーディーになります。ところが、もしその人が裏切っていたら、一発でアウト。しかし、CIAでは、クォーター化が原則なんです。

立花　クォーター化?

佐藤　立花さんが昔、『日本共産党の研究(一〜三)』(講談社文庫)で書かれた共産党の細胞方式ですよ。

立花　なるほど。

佐藤　要するに、全体像をもっている人は一人もいてはいけないんです。一人一人は部分的な情報しか持てないようにする。そうやって秘密を守るんです。

たとえば、CIAの長官が、ある部局にやってきて、「この情報源は誰か教えろ」と言ってきたとする。でも、「内部でそれは教えられないということになっています」と教えてくれない。例外的に教えるときは、秘密指定を解除するために、会議をしたり、書類を作ったりなど官僚的な手続きを取る。「今、知りたいんだ」「いや、できません」と、こういうふうになるわけです。CIAの官僚化が進んでいるといっても、クォーター化の原則が守られているから、エイムズ事件の犠牲はあまり大きくならずに済んだと思うんです。

立花　日本の場合はどうなんですか？

佐藤　クォーター化の原則はまったくありません。いざ大変なことが起こると、日本の官僚組織では、とんでもない指示が上から来るんです。何かというと、一言、「うまくやれ」なんです（笑）。最終的に失敗したら「何できちんと報告しないんだ」と部下に責任を押しつける。

立花　「俺は聞いていない」と。

佐藤　そうです。それでもし最後のところでうまくいった場合は、「指示どおり、きちんとやった」と言って、上司が成果を吸い上げる。日本の官僚組織には「うまくやれ」という指示・命令があるんです。

ニセ科学に抗して

立花　今のお話をうかがって、ホロコースト否定論ができあがった経緯を思い出しました。リストに挙げた**『なぜ人はニセ科学を信じるのかII　歪曲をたくらむ人々』**（マイクル・シャーマー著／ハヤカワ文庫NF／立花164）が、そのあたりを詳しく論じています。

佐藤　いい本ですね。

立花　要するにホロコーストを進めるときの、上司の指示の出し方が「うまくやれ」なんです。それを現場が忖度して、ホロコーストを実行する。そうすると、ホロコーストがいかに行われたのかについて証拠を探そうとしても、きちんとした命令があるわけではないから、あちこちの証拠が抜けている。その抜けている部分の証拠だけをつないで論を立てると、ホロコーストはなかった、という証明が可能になってしまう。

佐藤　「うまくやれ」という言葉の中に、ものすごい暴力性があるんですよ。

立花さんが科学的なテーマでいろんな発言をされていることは非常に重要なことだと思うんです。というのは、ニセ科学の破壊力は現在、かつてないほど大きくなっているからです。私はニセ科学の問題を理解するときに非常に参考になるのは、ユルゲン・ハーバーマスの『晩期資本主義における正統化の諸問題』（岩波現代選書）だと思います。もうタイトルを聞くだけで読みたくなくなるような本ですが（笑）、ここでハーバーマスが言っていることは極めて平易なことなんです。何でこんなに科学技術が進んで識字率が高くなっているのにみんなつまんないことを信じちゃうの？　それを一言で言うと、順応の気構えというものがあるからだと。現代人は、ある情報について、一つ一つ検証していけば、全部検証する基礎的な学力、別の言い方をすれば、論理連関を追う能力はある。しかし、検証すべき情報が厖大であると、一つ一つ自分で検証していたら疲れてしまうでしょう。そうなると、とりあえず識者が言っていることは事実として受け止める。自分自身はひっかかって理解できなくても、誰かが説得してくれるだろう、という気構えができるんです。この順応の気構えによって受動的になってしまう。だから、テレビを観ると順応の気構えがついてくる（笑）。ワイドショーの有識者のコメンテーターが説明してくれることはとりあえず確かだろうと受け入れる。これが怖いんです。そして、順応の気構えとテクネー（技術）が結びつくと、もっとひどい世の中になる。

私がこの出版不況の中で、今、一番危惧を抱いているのは血液型占い本の流行です。血液型占いが爆発的ミリオンセラーを記録するなんて、あってはならない話なんです。血液型と性格を結びつける議論がウソであるということは、これはほぼ論証されています。それにもかかわらず、定期的に血液型占いの本が出てくるんですね。しかも今、アメリカ、中国、韓国でも出版されているんです。しかし、ヨーロッパには出てこない。やはりヨーロッパは血液型と性格を結びつけると、すぐナチズムとイコールだと見なされるから。

立花　なぜ血液型占いがなくならないかというと、読んでみると、なんとなくもっともらしいし、自分ないし自分の周辺の人にあてはめてみると、あたっている側面もあるからです。なぜあたっている側面もあるかというと、誰にでもあたっている側面があるかのような書き方がなされているからです。なぜそういう書き方が可能なのかというと、万人の性格が複合的で、すべての人において、すべての性格が多少とも入りまじっているからです。だから、血液型の本にかぎらず、心理学的に性格を論じたあらゆる本について同じことが言えます。みんなもっともらしいんです。どんな理論も多少とも当たっている側面がある。

　そもそも性格が何に起因しているかというのは、いまもってよくわからない人間学的ナゾの一つです。親の性格と子供の性格は似ることが多い（まるきり性格が似てない親子もいるが、似ている親子が多い）から、なんらかの遺伝子というか遺伝的な因子が作用しているのでしょうが、どの遺伝子がどのような性格形成に関与しているのかという具体的な因果関係になるとほとんどわかっていない。血液型と性格の関連というと基本的に怪しい話になるけど、血液型でなく血液が運ぶさまざまな因子というところまで広げると、話は別です。人間の心理学的性格についてではなく、生理学的性格については、はっきり結びついてくることがＨＬＡ（ヒト白血球抗原）分類などの免疫学的タイプ分類、サブタイプ分類において明らかになっている。つまり、血液の運ぶ因子とその血液の持ち主の個性の間に結びつきがあるかといえば「ある」というのが正しい。しかし、血液型と心理学的性格についてはどうかといえば「ない」というほうが正しいということです。ナチスの時代は、いまの血液型性格分類の何倍もいいかげんなデータといいかげんな理論にもとづいて、人種の優劣を定め、優等人種は劣等人種を差別するだけでなく淘汰する（組織的に殺して人口を減らしてしまう）ことすら許されるとした。同じ理由で、精神障害者と身障者、知的障害者なども淘汰したほうが人類の将来のためになるという優生思想がもてはやされ、それにもとづいてホロコーストが行われた。

佐藤　だから、みんな「おっと！」と言って警戒する。もしヨーロッパで血液型占いが出てきたら、これは相当危ない事態だと思うんですよ。だから日本でも、エセ科学に対する耐性をもつことがすごく重要です。

一〇〇パーセント当たる細木数子

佐藤　あともう一つ心配しているのは、占いブーム。細木数子さんの占いというのは一〇〇パーセント当たる占いなんです。たとえば「このままの姿勢だったら、来年の五月、文春新書はスッテンテンになって、文春新書の編集長は地獄に落ちるわよ」と、こういう予言なんですね。

立花　そう、そう。

佐藤　来年の五月、編集長を更迭になっていたら、予言が当たったんです。ところが、編集長に留まり、文春新書が当たっていたら、「私が言ったとおりに心を入れ換えたから、当たった」ということになって、やっぱり当たるんです（笑）。これは論理学で言うところのトートロジー（恒真命題）。「AはAである」というような常に成り立つ命題）ですよね。彼女はトートロジーを作る天才なんですよ。「明日の天気は雨か、雨以外のいずれかです」という天気予報をしているようなものです。だから、彼女の占いは一〇〇パーセント当たる。こういうトートロジーに対する耐性がヨーロッパやアメリカにはあるから、もし政治家や占い師がトートロジーを唱えると、「ふざけるな、おまえ」という話になります。

ところが日本はそうならない。イラクへの自衛隊派遣の是非をめぐる小泉首相（当時）の国会答弁を日本人はおかしいと思わないでしょう。「戦闘地域とは何ですか？」、「それは自衛隊が出動していないところです」（小泉）、「じゃあ、自衛隊はどこに出動しているんですか？」、「非戦闘地域です」（小泉）、「じゃあ、非戦闘地域とは何ですか？」、「自衛隊が出動しているところです」（小泉）。こんな国会答弁にもかかわらず、国会が止まらない。総理大臣に対して不信任案も出されない。それは、トートロジーという絶対に勝つ論理を使ってもいいんだという、ほかの世界とは違うゲームのルールが、この国にはあるからなんです。小泉さんと細木さんは、パラレルの両巨頭。ですから**『入門！　論理学』**（野矢茂樹著／中公新書／佐藤[188]）を読んで、論理学の基本を学んでおく必要があります。論証と導出のちがいや、全称命題と特称命題のちがい、ド・モルガンの法則など、論理学の基礎がやさしく解説されています。

宇宙は沢山ある？

立花　同じ現象を扱うのでも、どの立場を取るかによってその解釈がまるでちがってくるということがあります。**『量子力学の解釈問題　実験が示唆する「多世界」の実在』**（コリン・ブルース著／講談社ブルーバックス／立花⑯⑨）は、非常に謎の多い量子力学に対して、様々な解釈をわかりやすく紹介しています。コペンハーゲン解釈と呼ばれる解釈は、ある時期までは、これが真理であると世界の研究者の間で信じられてきました。ところが、それに対立する見解として多世界解釈が登場すると、コペンハーゲン解釈も危なくなってきた。今は多世界解釈を取る人間と、コペンハーゲン解釈を取る人間とが、ある程度拮抗して存在しており、両者の激しい議論が続いています。この代表的な二つの解釈に、プラスアルファして別の解釈も幾つかある。

多世界解釈では、常識では考えられない異常な状態を考えなければならないわけですが、コペンハーゲン解釈のほうにも常識に反する部分があるんです。結局、今の段階ではどちらが真理なのか、究極の判定はつかない。サイエンスの最先端に行くと、究極の判定がつかない場面に、必ず出くわします。

面白いのは、エンタングルメントと言われている現象です。二つの粒子が、たとえ宇宙の両端に離れて存在していたとしても、エンタングルメント状態にあれば、お互いに瞬間的に影響を与えることができる。アインシュタインの相対性理論によれば、どんな情報も光速より早く伝えることはできないはずです。だからこのエンタングルメントというのは摩訶不思議で、実在とは何なのか考えさせられる現象です。

佐藤　神学でも同じような議論があります。

立花　そうなんです。現代物理の先端へ行けば行くほど、哲学や神学の領域へ近づいてきます。**『物理学と神』**（池内了著／集英社新書／立花166）を読むと、物理学が始まったときから、神の問題が常に一緒に議論されていたことがわかります。ニュートンの物理学だって、実は彼の神学的世界理解とわかちがたく結びついている。

佐藤　多元世界的なモノの考え方というのは、ごく普通にありますよね。たとえば、社会の中ではすごくリベラルで、左翼的な大学の先生がいるとする。しかし家の中では暴君である。おかしいじゃないかと思うかもしれませんが、これは多元世界に生きているからおかしくないんです。そもそも人間って多元的なんですよね。

ヘーゲルの考えた枠組みで議論すると、一番わかりやすいと思うんです。矛盾、対立、差異という概念をヘーゲルは区別する。マルクスの挙げた例ですが、資本家と労働者の間に矛盾があっても、協同組合をつくることで、資本家と労働者の転換が可能になる。だから矛盾は解消できる。対立は、一方がもう一方を完全に絶滅することで解消できる。ところが、差異は解消不能なんです。たとえば議論する相手から「これは趣味だよ」と言われたら、もうその先には介入できない。趣味は差異だからです。差異は解消できない以上、どうしても自分の立場を決めなければならない。だから、どっちの立場に立つかによって、世界は違って見えます。

立花　科学でも、たとえば実験の設計をどう評価するか、あるいは実験の結果をどう評価するかによって、いろんな解釈が生まれてきます。

佐藤　実験の解釈をするとき、深刻な問題は、時間です。同じ条件で繰り返すことができるという前提で、実験は行われます。しかし、いま実験したときと、その次に実験したときの間に、何がしかの時間が流れるわけです。そしたら、その時間の流れによって、「同じ条件」は担保されないんじゃないかという疑いが、どうしても残る。だから、実験は、形而上学の世界にしかないんじゃないか。この議論はけっこう哲学の世界では重要です。

立花　**『超ひも理論とはなにか』**（竹内薫著／講談社ブルーバックス／立花167）という本を入れましたが、物理の最前線の理論に超ひも理論と呼ばれるものがあるんです。物質の最小単位を粒子ではなく、ひもと考える。ひもと言っても二十六次元空間のひもですから、常識では考えられない数学的な存在です。ここまでくると、実験そのものが現状では技術的に不可能なんです。

佐藤　宇宙関係だと、**『宇宙創成はじめの3分間』**（S・ワインバーグ著／ちくま学芸文庫／立花168）が入っていますね。

立花　クラシックな宇宙論の本で、これを読むと最低限の知識が得られます。

佐藤　ビッグバンに関して書かれているわけですね。

立花　そうです。宇宙の開闢《かいびゃく》の約百分の一秒後からはじまって、何秒のとき宇宙はどういう状態だったかを詳しく解説していくんです。

ビッグバン理論は、カトリック司祭のルメートルによって、膨張宇宙論として一九二七年に提唱されますが、ビッグバンが観測事実として確立したのはごく最近、二〇〇三年のことなんです。ビッグバンの与えた最初の空間のゆらぎが、マイクロ波の温度のゆらぎとして観測できる。それをWMAP（ウィルキンソン・マイクロ波異方性探査機）と呼ばれるNASAの宇宙探査機が、精密に観測することでビッグバン理論が検証されました。この観測では、さらに面白いこともわかった。それは、光を発する物質、つまり我々がこれまで観測によって知っていた物質は、全宇宙のたった四パーセントでしかなかったということです。

佐藤　そうすると残りの九六パーセントは何なのですか？

立花　残り二十数パーセントがダークマターといわれている、どこにあるのかよくわからないけれども、その存在自体はわかっている物質。残りの七十数パーセントは、宇宙の膨張速度からそういうものがエネルギー的に存在しなければならないと存在が理論的に要請されるけど、その存在形態がわからない、つまり物質であるかどうかもわからないのでダークエネルギーとしかいいようがないものです。二十一世紀の冒頭に宇宙に関して何がわかったかというと、我々はこの宇宙についてある程度わかったつもりになっていたけれども、実はまったく何もわかってなかった、ということなんです(笑)。

ゲノムが差異を決める

佐藤 『新・生物物理の最前線』(日本生物物理学会編/講談社ブルーバックス/立花165)という本を挙げていらっしゃいますが、生命科学は今、どういう状況にあるんですか?

立花 生物は、分子レベルで、非常に精密にコントロールされた、分子マシーンであるという点で、生命科学の研究者たちは合意しています。それ以上の魂といった特殊なスピリチュアルなメカニズムは下部構造的には何もないということです。そういうものは、後天的に後から上部構造として出現してくるのかもしれないが、それは生命科学の外の存在だということです。研究装置の劇的な進歩によって、いまやタンパク質分子一つ一つの振る舞いを観察できるようになりました。そのタンパク質をコードする遺伝子に関する知見も爆発的にふえつつあります。

人間はみんな六十兆個の細胞を持っていて、その細胞一個一個の中にDNAから成る生命活動のプログラムを持っている。それはATGCの遺伝暗号で書かれたプログラムで、物質的には三十億の塩基対から成っている。いわゆる遺伝子は全部そこに塩基対としてコードされている。六十兆の細胞は常に自分のDNAの中のそのとき必要な部分を読みとっては、自分の役割を果たしていく。こうして六十兆の細胞の共同作業としての生命維持活動が継続されていく。この遺伝暗号の総体をヒトゲノムといい、それを全部読み解く作業が、全人類の共同作業として行われ、二〇〇〇年、完全にではありませんが、一応、解読が完了し、アメリカのクリントン大統領（当時）とイギリスのブレア首相（当時）が、世界じゅうに解読完了宣言をしました。それくらい人類史において非常に大きな出来事と世界では理解されているんだけれども、日本ではあまり評価されなかったし、いまだにちゃんと評価されていない。

ヒトゲノム計画で解読された標準ゲノムのデータベースは、インターネットで公開されていて、世界じゅう誰でも参照できます。個人が自分のゲノムのある部分を、データベースを参照することで、標準ゲノムと自分のゲノムがどれだけ違うか調べることもできる。

佐藤 まさにそこから差異が見えてくるわけですね。

立花 そういうことです。標準ゲノムと個々人のゲノムには塩基対の数にして数百万のちがいがあるといわれます。各人のゲノムは九九・九％同じだけど、ほんのちょっとずつちがう。そのちがいが個々人の個性のちがいとなってあらわれる。ゲノムは二万数千の遺伝子から成っていて、遺伝子単位でちがうこともあれば、遺伝子単位では同じだけれど、遺伝子の中のほんの一部、塩基対一文字だけちがうという微妙なちがいを持つ場合もある。そのような塩基対一つだけのちがいをスニップというんですが、それを徹底的に世界じゅうで調べようという「スニップ計画」が行なわれて、日本も参加していました。今は、スニップの情報を基に、個人個人で病気の治療方針や薬の処方を変えていこうというオーダーメイド医療が行なわれつつあります。スニップひとつで薬のきき方が全くちがったりするからです。

ここでもうひとつ重要なことは、かつて、ゲノムがわかれば、生命の秘密は何でもわかるみたいな安易な認識が横行していたけれど、ポストゲノム時代になってわかってきたことは、ゲノムだけではわからない生命現象の謎の部分が沢山あるということです。いま強調されていることは、ゲノムそのものであるＤＮＡでコードされた遺伝情報によって表現されているものは、生命情報の一部にすぎず、ゲノムの上部構造的な情報あるいは周辺情報的情報、関連情報的情報（エピゲノム情報）がもっと重要な役割を演じているということなんです。いまそちらの解明が大車輪で行われつつあります。

佐藤　人間である以上、基本的な部分の関係性というのは一緒だけれども、どこかちょっとだけ差異がある。そこから個性が出てくるという、その思考の構えは仏教の縁起観に近い。

立花　ガンにも個性があって、どれ一つ同じガンはないということが次第にわかってきました。だから、今、世界中のガン患者の協力を得て、そのゲノムを読んでいくことによって、ガンを最終的に究明しようという壮大なガン・ゲノムプロジェクトがはじまっています。僕もガン患者ですから、参加しようと思っているんです。

佐藤　それを聞いてホリエモン、堀江貴文さんのことを思い出しました。以前、なぜ検察との戦いを呑み込んで外国へ行かないんだと尋ねたところ、堀江さんはこう答えたんです。「佐藤さん、僕はやりたいことがある。ゲノムの読み解きによって、それほど時間がかからないうちに、死なない人間、超人類になれるかも知れない。基礎研究には莫大な金がいる。そのためにお金を貯めているんだ」と。私は彼のことを、新自由主義の権化かと誤解していましたが、金を貯めるという理由には、規格外の動機があったんですね。

立花　ホリエモンというのは、ときどき面白いこともいうけれど、ときどきアタマおかしいんじゃないかと思うようなこともいう。これもアタマおかしいほうの発言ですね。ゲノム解読で死なない人間ができるなんてことはありえません。さまざまの病気が解明されて、寿命が長くなるということはあるでしょうが、生命現象が解明されればされるほど生命現象に永遠の継続がないということがわかりつつある。生命現象の本質の中に死というものがある。生きているということはいずれ死ぬということです。不死のものは、最初から死んでいる。今、ヒトゲノムを解読するためのシーケンサーと呼ばれる装置が、どんどん高性能になっていて、しかもコストも下がりつつあります。個人としてはじめて自分のゲノムを解読したのは、DNAの二重らせん構造を解明して、フランシス・クリックとともにノーベル賞を受賞したジェームス・ワトソンです。それが二〇〇七年五月で、このとき解読にかかったお金は、一億円と言われています。今は数千万円。やがて数十万円になると見られています。解読にかかる時間も、今は一人のゲノムの解読に数週間を要しますが、何年か後には五分程度になる。

佐藤　そしたら、立花さんと私のゲノムを読んで、どこに差があるかがわかる。それを分析して本を作れるかもしれませんね（笑）。

第四章　真の教養は解毒剤になる

――マルクス、貧困とロスジェネ、勝間和代

マルクスを腑分けする

立花　第一章で、「教養としてのマルクス主義、マルクス経済学の意義は大きい」とのことでした。佐藤さんの文庫・新書のリストを見ると、**『ユダヤ人問題によせて　ヘーゲル法哲学批判序説』**（マルクス著／岩波文庫／佐藤[152]）、**『経済学・哲学草稿』**（マルクス著／岩波文庫／佐藤[179]）、**『賃金・価格および利潤』**（マルクス著／岩波文庫／佐藤[180]）、**『フランスの内乱』**（マルクス著／岩波文庫／佐藤[149]）、あるいは**『「資本論」を読む』**（伊藤誠著／講談社学術文庫／佐藤[183]）など、今回もマルクス関係の本を多く挙げています。

佐藤　今、マルクスがまたブームになっていますよね。私は、この傾向は危ないと思っているから、あえてマルクスの基本的作品をとりあげました。

立花　危ない？

佐藤　そうです。ナショナリズム運動も同様ですが、共産主義運動は、二流の知識人、あるいは二流のエリートがやる運動だと思っているんです。二流の知識人、二流のエリートにとって、ナショナリズムやマルクス主義は、一流のポストに上がるための、とても便利な道具なんです。そういう連中が高いポストに就いても、質が落ちるだけで、権力の暴力的な構造は全然変わらない。それに対する耐性をつけるためにマルクスのテキストの腑分けをする能力をつけておかないといけない。

立花　マルクス主義の正しい部分と、誤っている部分とを腑分けする、と。

佐藤　そうです。それができないと、新自由主義が進んで、社会がガタガタになる。そうすると今度は、ちょっと形を変えた共産主義運動が出てきて、日本の国が混乱に陥る。私はそれが嫌なのです。だから、マルクスの内在的な論理をつかみ取って、どこが優れているか、どこがイカれているか、ということをテキストとして読み取れるようにしないといけないわけなんですよ。

立花　マルクスのものでは、僕は**『ルイ・ボナパルトのブリュメール18日』**（マルクス著／平凡社ライブラリー／立花160）を入れました。「歴史は必ず二度繰り返す。一度目は悲劇として、二度目は笑劇として」で有名な、典型的マルクス主義による歴史分析の書です。マルクス主義には三つの分析学的側面があります。一つは経済分析、もう一つは社会構造の分析。もう一つが歴史分析で、この三つの分析がわかちがたく結びついている。

これは、とてもいい本だからぜひ読みなさいということで入れた本ではありません。これが我々の世代が若かった時分、最も大きな影響力を持った本の一つで、歴史をこのように分析してみせることがよしとされた時代があったことを知ってもらうために入れた歴史的資料と考えてください。読めばすぐわかるように、これは驚くほど主観的な文章です。歴史を客観的にクールに叙述し分析しようなどという姿勢はかけらもありません。文章のすみからすみまで、党派性で満ちあふれています。使われるボキャブラリーから、コンセプト、レトリック、比喩的表現のひとつひとつにいたるまで党派性がいっぱいです。いってみれば、これは、はじめから終りまでアジビラのような文章です。この本を読み直してみて、我々の学生時代、毎日のように配られていたアジビラの調子を懐かしく思い出しました。あのアジビラの書き手たちは、こういう文章をお手本にしていたのだとわかりました。あの時代、クールな客観性などというものは、ブルジョワ精神の持ち主だけが楽しむ、贅沢以外の何ものでもなかったのです。

読み直してみて、なぜ自分がマルクス主義の影響力が圧倒的だった六〇年代に大学生活を送りながら、それほどマルクス主義の影響を受けなかったかがわかるような気がしました。僕は、こういう党派性に満ち満ちた文章がきらいなんです。精神構造の根っ子の部分において、僕はブルジョワ文化とされるもののほうにシンパシーを感じ、このような文体をふくめ、プロレタリア文化の側に違和感というか反撥を感じるからです。「歴史はすべて階級闘争の歴史である」というマルクス主義的歴史観の根本命題そのものに反撥を感じて、「歴史にはそういう側面もあるけど、それだけじゃないだろう」と思っているからです。

佐藤　なるほど。

立花　マルクス主義的歴史ではなくて、マルクス主義の歴史ということでいえば、良知力

『マルクスと批判者群像』（平凡社ライブラリー／立花159）が大変面白い本です。マルクス『ルイ・ボナパルトのブリュメール18日』は、フランスの二月革命（一八四八年）で王政が倒れ、ブルジョワ中心の第二共和制が成立したと思ったら、共和国憲法に従って選挙で大統領になったルイ・ボナパルトの権力拡大がどんどん行われていき、ついには、ボナパルトがクーデター（一八五二年）によって皇帝（ナポレオン三世）の位につき、第二帝政がはじまってしまうという驚くべき歴史展開を描いた本ですが、良知力のこの本は、二月革命と時を同じくして一八四八年二月に発表されたマルクスの『共産党宣言』がいかに誕生したかを見事に描いた本です。同時代の原資料を駆使して、同時代にどのような主義者たちがおり、それがどのような主義主張を繰り広げ、それがマルクスにどのような影響を与えたかを分析していく本で、従来のマルクス本人の思想展開中心の研究とはひと味ちがう研究です。同時代の風景が見えてくるとマルクス主義の見え方がこんなにもちがってくるのかと驚きます。

『ルイ・ボナパルトのブリュメール18日』のほうはこれまでも訳書がいろいろあるのですが、この平凡社ライブラリー版は、従来の訳がすべて、第二版を訳したものであるのに対して、本邦初の第一版の訳になっています。第一版は、ルイ・ボナパルトのクーデター後しばらくして出版されたが、発行部数はわずかに五百部でした。第二版は、第一版が出てから十七年後に出たため、内容がかなり削られています。第一版には、同時代人でないとわかりにくい比喩などが沢山あり読みにくい本になっていますが、この平凡社ライブラリー版では、訳者が実に詳しい註を付けている上、当時の政治状況とその展開を詳しく解説した付録が付いているため、実にわかりやすい仕上がりになっています。そして、巻末についている柄谷行人氏による解説がまたいい。

佐藤　柄谷さんの解説は本質を衝いています。二〇〇一年の田中眞紀子、小泉純一郎現象を理解するには、この本を読むのが一番いいと思うんです。代表するものと代表されるものの間の合理的な連関性はない、とマルクスは論じます。人間はイメージ力を持っている。だから、イメージ操作されて、自分の敵を味方と勘違いしてしまう。ここに代議制のトリックがある。

そして、人間は嫌な状況が続くと、悲惨な結果を招いてもいいから、とにかく早く終わってほしいと願うようになる。こういう人間の心理をマルクスは非常にうまく捉えています。田中眞紀子、小泉純一郎が求心力をもった現象は、ボナパルティズムの図式そのものです。

新左翼は「自分探し」か

立花　日本の左翼系の運動を検証することは重要です。東大紛争で、安田講堂の攻防戦のとき学生として安田講堂の中にいた島泰三氏の**『安田講堂　1968―1969』**（中公新書／立花146）、機動隊を率いて安田講堂を攻略した佐々淳行氏の**『東大落城　安田講堂攻防七十二**

時間』（文春文庫／立花147）を併せて読むと、内側の視点と外側の視点で、あの紛争を捉え直すことができる。

最近出版された、**『新左翼とロスジェネ』**（鈴木英生著／集英社新書／立花148）は、新左翼系の各派の主張をコンパクトにまとめていていい本です。

佐藤　**『新左翼とロスジェネ』**（佐藤167）は私もリストに入れました。私もいい本だと思います。著者の鈴木英生さんは毎日新聞の記者で、彼が企画した、雨宮処凛さんと高橋源一郎さんとの対談記事が、『蟹工船』ブームのきっかけになりました。

立花　僕は全然知らない人でしたが、非常に若い人ですよね。一九七五年生まれだから、この本を出したときは三十四歳。

佐藤　彼はこの本の中では自分の出自を隠しています。この人は京都大学の（全学自治）同学会が解散する前の副委員長ですからね。

立花　えっ、ほんと？

佐藤　一番最後の頃です。

立花　それは知らなかった。それで新左翼の事情をよく知っているんだ。

佐藤　鈴木さんは新左翼運動の当事者です。私よりも世代はずっと下ですけれども、話しているとすぐ匂いがわかりますから（笑）。私は同志社ですが、鈴木さんは同じ京都の大学出身ですからね。訊いたんですよ、「鈴木さん、同学会の役職何だった？」って。そしたら「副委員長でした」と（笑）。

立花 ああ、そうなの。

佐藤 「創」（二〇〇九年六月号）で、この本の書評を書いたんです。彼の指摘で面白いなと思ったのは、「寂しくて居場所がほしかった」人たちの「自分探し」運動が新左翼運動なんだという観点です。そして、「自分探し」に「貧困」が加わったのが今のロスジェネ（ロストジェネレーションの略。貧困層が多い二十代半ばから三十代半ばまでの世代）である、と。そこから彼は新左翼とロスジェネの連帯を志向するわけです。

たしかに一つのポイントを突いた見方だとは思うんですが、私には違和感もあるんです。その一点は、今のロスジェネの連中には、他者を排除してしまおうという激しい党派性がないことです。私は、今のロスジェネは、マルクス主義の延長線上で見るんじゃなくて、バクーニン、あるいはプルードンの延長線上で見たほうがいいと思うんです。

立花 その人は若すぎるから新左翼運動の原点が全くわかっていない。新左翼というのは、もともと英語の「ニューレフト」の翻訳です。ニューレフトは、イギリスで五〇年代の終り頃、「ニューレフト・レビュー」という雑誌が中心になって生まれた新しい左翼運動の思想的潮流です。「自分探し」なんてことがはやり出すのは、その何十年も後の話ですから、本来の新左翼とは縁もゆかりもない。ニューレフトがなぜ生まれたかというと、旧左翼として圧倒的な影響力を持っていたのが、戦前からソ連であり、ソ連につながったコミンテルン（後にコミンフォルム）、そしてコミンテルンに指導されていた各国の共産党です。ヨーロッパでも日本でもそうです。そのソ連・コミンテルン・各国共産党・旧左翼勢力のヒエラルヒーが一斉にくずれはじめるきっかけになったのが、一九五三年のスターリン死去です。

スターリンの死去とともに東欧各国で自由化の流れが生まれ、ソ連離れがはじまる。反ソ暴動すら起るような事態に危機感を燃やしたソ連が、戦車と鎮圧部隊を派遣して弾圧する。それが一九五六年のポズナン暴動（ポーランド）であり、ハンガリー動乱なんです。ハンガリー動乱で大量の難民が西ヨーロッパ各国に流れ、そこから反ソ連の左翼運動がヨーロッパ各国で芽生えてくる。その一部は、スターリンの最大の政敵であったトロツキーの世界革命理論と結びつくが、それとも離れた新しい左翼運動理論が次々に登場するようになった。それがイギリスの「ニューレフト」なんです。ぼくは一九六〇年にロンドンで開かれた、国際学生青年核軍縮会議に参加するのですが、それを開いた連中は、まさにこのニューレフトの流れだった。ロンドンにいる間ずっと泊めてくれたのが、ハンガリー動乱難民のハンガリー人写真家の一家だった。同じ頃、日本でそれまで左翼運動を全面的に仕切っていた共産党と全く切り離された形で左翼運動をはじめたのが、東大の学生運動だった。これが日本の新左翼運動のはじめで、それがブント、革共同（革マル派・中核派）の流れになる。

佐藤　そうです。ロスジェネの連中は、連帯して権力と戦うというよりも、権力と関係なく、緩いネットワークで我々に楽しくやらせてくれという思想なんです。

もう一点、気になるのは、新左翼の歴史において、この本の中で三池闘争が欠けていること。党派では中核、革マル、ブントの系統は出ていても、革労協（革命的労働者協会）すなわち、社会党、社青同（日本社会主義青年同盟）解放派の系統が出ていないこと。不思議だなあと思ったんです。あれだけの殺しをやっているセクトの話が、どうしてこの人の視点から欠けているんだろう、と。考えてみると、鈴木さんは、講座派の視点をとっているのですよね。

立花　ああ、なるほど。一九三二年に野呂栄太郎が企画した「日本資本主義発達史講座」（岩波書店）に結集したマルクス経済学者、歴史学者の一派が講座派ですね。講座派は手っとり早くいえば、戦前も戦後も共産党主流の理論ということです。日本の新左翼は、講座派の理論とはちがう目でものを見るようになった党派といえばわかりやすい。

日本の新左翼は後に五流十三派といわれるほど千々に分裂して、それぞれに他党派に対して排除の論理で接するようになるから、最初どこの党派に属したかによって、他党派が客観的に見えないようになっている。日本の新左翼運動をダメにしたのは、極端な過激派の流れと排除の論理といえるんじゃないですかね。

佐藤　ええ、その通りです。著者の鈴木さんは、日本共産党の、いわゆる正統マルクス主義から分かれていって、トロツキズムなどに流れた新左翼しか見ていない。つまりすべて講座派の視点で見ているわけです。ところが、戦前の新左翼運動には、講座派と対立していた労農派マルクス主義という、もう一つの線があったんです。鈴木さんは、そっちには目配りしていません。労農派マルクス主義というのは、要するにソ連を絶対視しないマルクス主義です。革労協（社青同解放派）は、この労農派マルクス主義に回帰する要素がものすごくあったんだけども、著者からその視点がスポンと落ちているから、そっちの系統が見えていない。

湯浅誠と雨宮処凛

立花　**『反貧困　「すべり台社会」からの脱出』**（湯浅誠著／岩波新書／佐藤166）が入っているのも、現代の若者の貧困問題に対する危機感からですか？

佐藤　湯浅誠さんや、雨宮処凛《かりん》さんらが言っていることは一言でいえば、絶対的貧困はよくないということです。彼らは格差が存在すること自体は是認している。「資本主義社会なんだから格差があるのは当たり前」という立場なんです。だから、「六本木ヒルズに住んでいる奴の部屋に火をつける」というような発想はない。革命も全く考えていない。革命なんてろくでもないと思っています。二人とも、一昔前の運動家によくあるねじけたところとか、変に突っかかってくるところが全然ない。非常に楽しくやっている（笑）。

絶対的貧困はよくないから、国はちゃんと対策を取ってくれという彼らの主張を、経団連の人たちには是非耳を傾けてもらいたいと願っています。そして、資本家の良識として何とかしてほしいと思うんです。東大法学部出身の湯浅さんは、かつての東大新人会にあったメンタリティーのいい部分を引き継いでいると思うんですよ。

立花　新人会は、たしかに発足当初は、吉野作造のまわりに集まるデモクラチックな啓蒙運動家たちでした。後に左傾化して、共産党の指導者を何人も輩出しましたが。

佐藤　湯浅さんたちの主張に誰も耳を傾けないで、絶対的貧困が改善されなければ、今度は密教的な、かつての共産主義運動のような変なものがまた出てきて、革命を目指すと思うんです。革命を予防するためには社会問題に先手を打って、国家が対応しないといけない、と思うんです。

私は徹頭徹尾反共、そして徹頭徹尾反革命なんです。リベラルな方向の革命であれ、体制を転換する革命であれ反対します。ソ連社会を体験し、東欧社会を見て、共産主義はろくでもないと痛感しました。またソ連の崩壊は、資本主義への革命でしたけれども、革命型の思考というものは、とんでもないものだと皮膚感覚にしみついているんです。だから、何としても革命を阻止したい。そういう問題意識から、私は時局評論とかをやっているんですよ。

立花　雨宮処凛さんの本は、何冊か読んだことがあります。彼女の面白いところは、右翼活動の経験があるところですよね。左翼活動の経験しかない人は、教条主義的で、どうしようもないダメさ加減があります。ある行動パターンがあって、それから外れられないというか。

佐藤　雨宮さんは、予測不可能な人なんですよ。雨宮さんの仲間が、麻生邸見学ツアーというのをやったんですね。

立花　ああ、若者たちがプラカードを持って、麻生邸の前まで行って、公務執行妨害で逮捕者が出た事件ですね。

佐藤　そうです。三人パクられたんですよ。そしたらその日の夜、雨宮さんが私にメールで連絡してきた。そこで、電話で話をしました。「とにかく早く出してあげたい」「その中にはメンタルに弱い人もいるから、とにかく一刻も早く出してあげたいの。どうやったらいい？」と。私はすぐに「僕は官僚の側にいて、しかも、情報分析をやっていたから、警察とか公安調査庁とかの論理が大体分かる。これは、あなたたちに過激な反対運動をやらせて、極左だというイメージを付けて、社会的に孤立させる。こういう流れになる。だから、従来の新左翼型の徹底抗戦をする方向はたぶんやめたほうがいいと思う。それで一案がある」。それで鈴木宗男さんに電話したんです（笑）。「かわいそうだから、助けてやってください。それから、麻生の家を見に行くということだけでパクられると、これはやりすぎでよくないです」。そしたら、鈴木さん、「そうだわな、どうすんべか」というふうに言うので、「彼女は滝川の出身です。北海道の人からのお願いだから、先生が助けるのは当たり前でしょう」「それはそうだわな。俺は北海道だからな」と（笑）。実はその前に鈴木さんは雨宮さんに二回ぐらい会っていて、彼女のことを非常に気に入っているわけなんですね。

そこから鈴木さんは何を考えたか？　これが面白いんですよ。国民新党に声をかけて、亀井（静香）を巻き込んだ（笑）。

立花　元警察官僚の。

佐藤　ええ。結局、この三人は釈放されました。その後、亀井さんと鈴木さんが院内集会をしているところに雨宮さんがやって来て、麻生邸ツアーで逮捕者が出た場面のビデオを上映した。そしたら、亀井さんが「警察はやりすぎだ。警視総監に俺が文句の電話を入れておいた」という話を披露した。警察も亀井さんが出てきて、そういう連中のサポートをするから、あたふたして対応できなかったのでしょう。「面倒くさい。とにかく出してしまえ」というふうになったのだと私は見ています。

パクられた三人は、一昔前の新左翼活動家みたいな完黙闘争をやっていた。調書をつくらせない。それなのに十日で処分保留で外へ出て、起訴猶予になった。通常はパクられて、完黙していたら、今の相場観では起訴されます。その上、初公判まで留置場を出られません。ところが起訴猶予でした。

彼女は知恵があるんですよ。左翼系の友達に相談するよりも、パクられた経験がある私に連絡してきた（笑）。雨宮さんは、本当に必要なときに誰と相談したらいいか、ということをわかっているんですね。

立花　雨宮さんは服装がユニークですよね。

佐藤　ロリータ服と言うんです。あれは彼女の鎧なんですよ。

立花　鎧？　職業的な衣装ということ？

佐藤　ええ。普段はジーンズとTシャツだから、知らない人が見ても雨宮さんであることは全然わからない。ちゃんと理由があるんです。彼女、自分のホームページを開設しているんですが、そこに「これから首を吊ろうと思っている」というようなメッセージが送られてくる。そういったものを適宜仕分していくと、信憑性のあるものにぶつかる。「今、ネットカフェにいて、支払い期限は数時間後。でもお金がない。ポケットに五百円しかない。四千何百円払わないとならない。助けに来てくれ」というような内容です。行くんですよ、彼女。現場に。

立花　へえ。

佐藤　「そんなことをしたら、変な男とかに思われて、追いかけられるんじゃないですか？」って訊くと、「全部は対応できないけれど、ここまで自分を探し当てて来て、助けてくれ、と言っている以上、放っておけないでしょう」と言うんですね。これはキリスト教の牧師の感性とつながります。で、そういったことをうまくやるために、ロリータ服という秋葉原にしかないような変な服を着て歩いて、近寄りがたくしているんです。だから、あれは変なやつが言い寄ってこないようにするための鎧なんです。彼女は、こういうことを経験則としてつかんでいるわけです。

勝間和代は新自由主義者じゃない

立花　雨宮さんはわかるんですが、**『断る力』**（文春新書／佐藤189）の勝間和代さんなんかはどうなんですか。僕はちょっと、俗物すぎて、つきあえないなという感じがするんだけど。

佐藤　彼女は古典に対する関心がほぼゼロです（笑）。私の推察では、読んでも、努力の割に得るところが少ないというので、勝間さんは古典を切りすてていると思うのです。しかし彼女に関して、世間で非常に誤解されていると思うんです。彼女の発想とは、基本的にはマルクスの『資本論』で言うところの熟練労働者になれというものだと思うんですね。要するにマネー・ゲームの中で、株を買って、儲けて、資本家になれ、と言っているわけではない。あるいは出世して経営者になれ、というのでもない。断る力を身につけて、これ以上の仕事は引き受けない。そして、自分の時間を持て。ただし、普通に生きていると商品になってしまうから、スペシャリストになれ。つまり、代替が容易な単純労働者ではなく、『資本論』が説くところの熟練労働者になれ、と言っているわけなんです。

彼女は新自由主義の権化みたいなお姉さんという感じで見られているんですけど、そうじゃない。彼女は、マッキンゼーにいたとき、クライアントと関係がこじれて何度も自殺しようと思ったそうです。二回離婚したシングルマザーでもある。競争社会の中で深く傷ついた経験をもっているんです。それらの経験を全部入れ込んだうえで、処方箋を出している。一部上場企業の女性正社員のなかには、東電ＯＬの世界へ入りかねない人もいるでしょう。けれども勝間さんは、この異常な競争社会を生き残るというところで熟練工の道を選んでいるんですね。

彼女は、チャリティーで印税の二割を「Ｃｈａｂｏ！」という企画で第三世界に渡すというＮＰＯ活動をやっています。週刊誌「アエラ」の対談で会ったときに聞いてみたら、そういう活動をしていないと、「やっぱり思考がおかしくなるんじゃないか」と言っていました。要するにお金の数字だけ積んでいくことが楽しくなるとまずいという感覚がある。経済合理性と離れることをあえてやっているんですね。彼女は猫を飼っているんですが、捨て猫を拾ったそうです。新自由主義者は捨て猫は拾いません（笑）。

立花　ハハハ。そうだとすると僕も何度か捨て猫を拾っているから新自由主義者じゃないわけだ。竹中平蔵は拾わない？

佐藤　ほんものの新自由主義者は経済合理性に反することをしません。捨て猫を拾うような経済合理性に反することをすると、それは自分の思想に悪影響を与えますからね（笑）。

そういうわけで、資本主義に対抗して現実に実効性を持てるような形での対案を出している女性として、雨宮さんと勝間さんを、私は、非常に尊敬しているんです。運動体として組織をつくっているわけじゃない。しかし読者に支持されて、ファンも多い。そして二人は、今の新自由主義の行き詰まりに対して、現実に足がかり、手がかりがある形で、内部から変容していく処方箋を提示しているんですね。

立花　女性が新自由主義の打開策の鍵を握っているというわけですね。**『国防婦人会　日の丸とカッポウ着』**（藤井忠俊著／岩波新書／佐藤132）というのはどういう団体なんですか？

佐藤　これは面白いんですよね。戦時中、国防婦人会と愛国婦人会の二つの団体があったんですよ。出征兵士の見送りや帰還兵士の出迎えをしていた婦人たちが作った団体です。愛国婦人会は軍人を支持するエリート集団で、上流夫人や有産階級婦人もいました。お互い仲がものすごく悪く、やがて愛国婦人会は国防婦人会に吸収されていくんですけれども、初めて女性が本格的に公共圏に進出したのが、この国防婦人会なんです。

立花　女性の社会進出の例なんですね。

佐藤　「国防」という一点において進出していくことができたんです。「国防」という名称から勘違いされているんですが、戦争下で、相当な反体制的な権利要求、異議申し立て運動をやっているんです。生活できる権利を要求するとなると、自然とそうなってしまうんですね。

立花　国家体制に組み込まれなかった？

佐藤　総力戦ということで国家体制が婦人たちをも包摂しようとしたんだけど、包摂しきれなかった、恐ろしい団体なんです（笑）。ある意味では日本の中で成功した唯一のファッショ運動じゃないかしら？

立花　ハッハッハッハ。戦後の主婦連みたいなカッポウ着の主婦の運動にも、国防婦人会の流れが結びついているんでしょうね？

佐藤　そうそう。いや、もう断絶性がほとんどないと思います。

立花　そうなんでしょうね。

佐藤　だから、この運動が、非常に興味深いんです。

土井たか子は天皇支持者？

立花　左翼であるとか、右翼であるとかわけるのがそもそも間違いかもしれませんね。

佐藤　そうなんです。**『バカの壁』**（養老孟司著／新潮新書／佐藤129）を入れたのも、そういう観点からです。私は左翼、右翼の間に「バカの壁」があると思っています。この壁を取っ払いたい。昨年(二〇〇八年)「週刊金曜日」で土井たか子さんと対談しました。面白かったことが、二点あるんです。一つめ、彼女は「八月革命説」を取らない、と。

立花 現行憲法が制定されたとき、主権が天皇から国民へ移行した。主権の所在が変わった以上、それは革命と解釈されるべきで、ポツダム宣言を受諾した一九四五年八月、日本に革命が起こったとする説ですね。憲法学者の宮沢俊義が提唱しました。

佐藤 土井さんはその説はとらないんです。国会で改正手続きを経て制定されているので、現行憲法は欽定憲法であり、現行憲法と大日本帝国憲法は連続しているという認識を彼女はもっているんです。

もう一つ。彼女は九条護憲論は取らない。一条から八条までも含めた、すなわち象徴天皇制を含めた護憲論の立場です。「私は共和制論者じゃありません、社会主義者だと思ったこともない」と言うんです。

立花 なるほど、それで土井さんの土性骨の強さがわかりますね。あれは社会主義者の土性骨じゃないんだ。現行憲法と大日本帝国憲法は連続しているというのは、手続上もその通りで、全体の骨格もほぼつながっている。だから、美濃部達吉は、貴族院議員として、昭和憲法を議するにあたって、大日本帝国憲法を改正する必要なしとの主張をたった一人で断固として曲げなかった。解釈と運用だけで、大日本帝国憲法には新憲法と同じ内容がもともと盛りこめるようになっており、それで十分だし、そのほうがベターとの主張だった。

天皇制が新憲法の二大柱というのもその通りで、僕の憲法論（「私の護憲論」「月刊現代」二〇〇七年七月号から二〇〇九年一月号まで連載）もその線で書いています。ただ象徴天皇制は「国民の総意制」といいかえてもいいんですが、これは、「国民の総意」によっては共和制に移行することも可能にする制度と読めますから、永久天皇制というわけではない。ではいずれ共和制（選挙による大統領制など）に移行したほうがいいのかといったら、僕は必ずしもそう考えません。選挙による大統領制があったとして、これまでの政治家で誰が文句なくその圧倒的な票を集め得たかと考えると、たとえば田中角栄であり、小泉純一郎ですよ。どちらも僕はいやですね。天皇制下の総理大臣になるくらいは仕方ないとして、純粋な国家のシンボルにだけはなってほしくないですね。天皇制があってよかったですよ。

佐藤　土井さんの元政策秘書で、秘書給与流用疑惑で逮捕された五島昌子さんが言っていたんです。衆議院議長は宮中行事に参加するのですが、土井さんが議長になったとき、天皇に会いに行くことが楽しくてしょうがない様子だったそうです。「それだから大変なのよ」と言うわけです。それで周りの人たちがみんな文句をつけた。そんな調子で宮中行事に参加していいのかって。すると土井さん「私、田畑忍先生に相談する」と電話をかけた。田畑さんは土井さんの同志社大学法学部時代の指導教授で、尊皇家です。「田畑先生が天皇の関係のことをいろいろやるのは別に問題ないと言ったから、私、行く」とか意味不明のことを言って、宮中行事に行ったそうです。

日本社会党における彼女の歴史的な役割とは、本人が意識していたかどうかは別にして、結果として、労農派マルクス主義があれだけ強かった党を非マルクス主義的な右翼社会民主主義政党にしたことなんです。つまり社会党の右旋回です。社会主義勢力、革命勢力がマージナルなところに追いやられた現在の状況は、彼女の個性によってつくられた部分が大きいと思うんですね。

「なんで今までそのことを言わなかったんですか？」と訊いてみたんです。そしたら「だって、あなた以外、誰も聞かなかったじゃない」と(笑)。訊けば、答えていたんですよ。

彼女に対するインタビュー、オーラル・ヒストリーの取り方がいかにステレオパターン化していたかということです。予測できることを訊いて、予測したとおり、「ダメなものはダメ。絶対護憲です」という答えが引き出される。それが金太郎飴のように繰り返されることによって「土井たか子」という商品が成り立っていたんです。

立花 そこに「バカの壁」がある、と。

佐藤 そうです。それから「同志社の法学部に来て弁護士になろうとしたのは、人権ということで？」とも尋ねたんです。そしたら土井さんは、「ううん、そういうのは全然なかったの。

京極の映画館で「若き日の（エイブラハム）リンカーン」という映画を観たら、ヘンリー・フォンダがすごくかっこよくて。それで法律を勉強して、ああいうカッコいいのになりたいと憧れて、女子専門学校から同志社に行ったの」とも言ってましたね。

なぜ教養が必要なのか

立花　十年ほど前、東大で講義をした後、ある学生が僕のところにやってきて質問をしたんです。「教養ってどうすれば身につけられるんですか？」。はじめは質問の意図がよくわからなかったのですが、彼らと話しているうちに、彼らは「教養」という何かワンセットの知識を身につける、手軽な速習法のようなものがあると思っているらしいことがわかってきた。ビックリしましたよ。

佐藤　教養の定義はどう考えますか？

立花　定義しようとするとなかなか難しいですね。しかし、以前こんな定義をしたことがあります。「人間活動全般を含むこの世界の全体像についての幅の広い知識」（『東大生はバカになったか』文春文庫、一五一頁）。もうすこしくだいたいい方をすれば、こんないい方もできるでしょう。「その人の精神的自己形成に役立つすべてのもの」「現代社会を支えている諸理念の総体」。大ざっぱな定義ですが。ドイツ語で実学のことを「パンのための学問」と言いますが、教養はパンのための学問ではありません。役には立たないが、「知っていないと恥ずかしい知識の総体」「各界で教養人と見なされている人々と恥ずかしくない会話を持続的にかわせるだけの知的能力」というようなことではないでしょうか。

佐藤 私は少し見方が違いまして、やはり教養は役に立つと思うんです。マルクス主義であれ、キリスト教であれ、思想というものは大変な毒薬だと思うんです。

立花 毒薬?

佐藤 ええ。立花さんの『日本共産党の研究』(講談社文庫)からもそのことはよくわかるんですよ。「あとがき」で、徹底的な取材妨害に遭ったと書かれていましたよね。

立花 ええ。僕に対する共産党の攻撃を見た、反体制運動史の研究者が、共産党を研究対象とすることに恐怖を覚えたと言っていました。

佐藤 全国のどこに行っても、取材妨害に遭ったわけですよね。共産党のそういうエネルギーは、マルクス主義のもつ、宗教性だけを肥大させたところから出てきたと思うんです。日本共産党という組織は、マルクス主義の毒薬にやられた、宗教団体なんですよ。

その弾圧に屈しない力っていうのが、教養だと思うんです。それから、『中核VS革マル』。あの作品の白眉は、お互いがいかにして敵に見えてくるか、その仕掛けを明らかにしたことですね。中核派にとって、革命はすぐ先にあり、いま、ここで革命的行動をすることが重要である。

しかし、革マル派にとって近未来に革命が起きることはない。従って、当面、革命党の認識を強化することが重要になる。革命の可能性がないのに過激な行動をすることは権力の弾圧を招くだけなので有害だと考える。だから中核派には、革マルが権力と迎合していて、反革命そのものに見える。一方、革マルのほうから中核派を見ると、革命、内乱を訴えることは、権力の弾圧を呼び込むだけなので、危険な挑発者以外の何者でもないということになる。

この鋳型というのは初期のキリスト教にもありますね。

立花　そうですね。同じようなことが、新教各派が対立抗争する時代にもあったし、現代におけるアメリカの新しいキリスト教系の過激派にも見られます。自分たちと考えが合わない連中は敵であり、神の側にいる者ではなく、悪魔の側にいる者である。彼らを生かしておくべきではなく、殺してしまったほうがよい。世界をよりよくするため、人類のため、神の栄光のためにも、彼らをいますぐ駆除してしまったほうがよい。これが宗派間で大殺戮が起きた時代の宗教戦争の論理です。同じ論理が冷戦下では異なる政治イデオロギーをもつ集団は殺してしまえという論理になったし、現代では同じ論理が中東のイスラエルとイスラム過激派の間で働いているし、あるいはアメリカの保守過激派と世界のイスラム過激派の間のテロ合戦でも働いている。

佐藤　それから、戦前の日本資本主義論争における労農派と講座派の関係。共同戦線党なのか、それとも地下革命党なのか、と。常に出てくるこの対立の構造を、『中核VS革マル』はうまく描きだしていますね。重要なのは、教養とは、今、自分が遭遇している未知の問題にあったとき、そういうことをテキストから読み取れる力だと思うんですよね。

マルクス主義、キリスト教という毒薬を解毒する力というのが教養ではないでしょうか。

第五章　知の全体像をつかむには

——東大生・立花隆、神学生・佐藤優、実践読書術十四カ条

東大で学んだこと

佐藤　立花さんと対談をするので、『天皇と東大　大日本帝国の生と死』（文藝春秋）を読み直してみたんです。

読み返してみて、『天皇と東大』は、日本の権力と学術を、一つの物語として提示していると思いました。これ、要するに立花さんはレオナルド・ダ・ヴィンチみたいなことをやろうとしているのかなと思うんです（笑）。要するに全人ですよね。

そうすると、私のほうとしては非常に面白くなってくる。立花さんはキリスト教的な環境の中に育ちながら、全人的なことをやろうとしている。事後的に見ると、立花さんは、神様なしで、世界を記述するという大いなる課題に挑戦しているということになるんじゃないか。こんな感想を持ちました。

立花さんは、ご両親が無教会派のキリスト教徒だったとのことですが、無教会派は、教会の権威を否定するキリスト教の教派です。牧師も司祭も不要として、カトリックでも、プロテスタントでもない日本独特の信仰形態を作りました。『天皇と東大』でお書きになっていますが、戦後すぐの東大総長の南原繁、矢内原忠雄も無教会派です。立花さんはご両親が無教会派で、大学時代も無教会派の色濃く残る環境の中で過ごされたということになりますね。

立花　ちょうど僕が入学したときに、無教会派の学生寮が登戸にできたんですよ。母親が、長年の信者だったので、師と仰いでいた無教会派の長老格の人に紹介状を書いてくれて、そのつてで入れたんです。その人が、佐藤さんが挙げられている**『新約聖書　福音書』**（岩波文庫／佐藤108）の訳者・塚本虎二です。

佐藤　え、そうなんですか。この翻訳は実に大胆だ。「人はパンのみに生くるにあらず」を「パンがなくても生きることができる」と訳しています。塚本訳の『福音書』を読んでいるとハッとさせられることがあります。

立花　僕は、あまり塚本虎二訳を評価していません（笑）。塚本にかぎらず、最近の訳はそれが訳としてどれだけ正しいか正しくないかということばかり気にしすぎて、言葉として力を失っている。ぼくはやっぱり言葉である以上大切なのはその言葉の持つ力だと思う。でも、後から気づいたことですが、面接の時に入った塚本さんの書斎の印象が強くて、僕の事務所のネコビルの本棚の作りは、塚本さんの本棚の作りとなんとなく似ている。

登戸寮にいたのは、一、二カ月です。寮費が高いせいもあったんでしょうが、遊び人のブルジョワ子弟が多くて、嫌気がさしたんです。僕は貧乏でしたから。その後は、駒場寮に入りました。

佐藤　東大生時代は、どんな学生だったんですか？

立花　僕は二度、東大に行っているんです。最初のとき、教育機関としての大学には全然満足できなかった。特に大教室の授業なんか、一回目の授業に出て、先生の話をちょっと聞いただけで、この人の講義を聴くより、この人の著作を読んだほうが時間の節約になって、よっぽどいい、と思うようなことが重なって授業に出るより一人で本を読んでいる時間のほうがずっと多くなった。

東大の教育では、伝統的に語学に力を入れるんですが、学生数が多すぎて、きちんとした教育はできないんですよね。だから、僕は、英語は独学だし、フランス語はお茶の水のアテネ・フランセと、もう一つのフランス語の教育機関に通って勉強しました。

でも、大学三年の一九六〇年、一年留年して、ヨーロッパに行ったりしましたので、結局、僕がちゃんと勉強をやったのは、文春を辞めて、学士入学して東大に戻ったときですね。

佐藤　哲学科ですよね。

立花　そうです。その頃、哲学科は学部生と大学院生が一緒に授業を受けていました。ラテン語でトマス・アクィナスの講読、ギリシア語でプラトンの講読、ドイツ語でヴィトゲンシュタインの講読、さらにペルシャ語とアラビア語も勉強しました。授業の予習と復習だけで一日が終りました。今から考えても相当水準が高かったと思います。特に中国哲学の赤塚忠先生の『荘子《そうじ》』は忘れがたい。王先謙という清時代の学者が過去の注釈本を集めた『荘子集解《しっかい》』を頼りに一字ずつ丹念に解読していくんです。一日に一ページ、荘子のテクストで十行か十五行程度しか進まない。でも、非常に面白くて、二学期続けて受講した。

佐藤　他にも古典的な哲学を勉強されたんですか？

立花　いやいや、そうでもないんです。最初はそういうクラシックな哲学に興味があったんですが、ヴィトゲンシュタインと出会って大きく変わりました。私が大学に戻ったのは、ちょうどヴィトゲンシュタインが日本で初めて講義されだした時期でした。

佐藤　テキストは**『論理哲学論考』**（立花58）ですか？

立花　ええ。でも、英独対訳本です。邦訳はまだありませんでしたから。しかも注文して届くまでに何ヶ月もかかります。だから、本が来る前に、プリントによる記号論理学の講義がありました。

佐藤　じゃ、「うさぎ―あひる」の絵にみんなが驚いていた頃ですね。

立花　ええ。うさぎにも、あひるにも見えるという不思議な絵でした。六八年、東大紛争が激化して安田講堂事件が起きて二度目の大学をやめましたが、いちばん残念だったのは、ヴィトゲンシュタインの講義が聴けなくなったことですね。

佐藤　立花さんは『ぼくはこんな本を読んできた』で、古典を読む必要はない、最新の雑誌、学術書を読めばいいんだと書かれています。あの部分、今の若い人たちが誤読すると、非常に危険だと思うんですよ。つまり、最低限の教養があるということは前提であって、それが全くなくて、紀要論文であるとか、最近の科学誌だけを漁る。そんなことをやると、何にも身につかない。それが分からない人が出てきてしまう。

立花 古典には、知の共通基盤としての役割があると思います。人と何かについて語り合うときに前提となる知識がないと中身が濃い議論ができないからです。ただ、古典は時代によって変わる。明治時代には明治時代の、現代には現代の古典がある。

佐藤 立花さんの書かれるものが面白いのは、メタ論だからだと思うんです。そして立花さんは人間に対する関心が非常に強い。古典に対して気をつけろ、とおっしゃっているのは、古典研究がともすると人間から遊離しやすいからではないか、こんなふうに私は見ています。

カントは時代遅れか

立花 カントの**『純粋理性批判』**(岩波文庫/佐藤5)を、佐藤さんは本棚からの百冊の中に入れているわけですが、僕は、少なくとも現代においては『純粋理性批判』はナンセンスだと思っています。

佐藤 結論は一緒なんです。『純粋理性批判』は読み方によって、三十種類の読み方があるという不思議な本です。

立花　あ、そうですか。『純粋理性批判』のどこがいけないかというと、「時間と空間は、人間のアプリオリな判断形式である」というところです。二十世紀から二十一世紀にかけて、時間、空間の概念そのものが変わってしまったからです。

佐藤　要するにカントは、ニュートン的な時間と空間の概念を前提で書いていると。

立花　そうです。アインシュタイン以後、この宇宙の時間と空間は、絶対的な範疇概念から、伸びたり縮んだりする絶対的でないものだという概念に取って代わりました。それを支持する実験的な事実も積み重ねられています。つまり、アプリオリな判断形式が成り立たないのが現実世界であるわけです。それが二十世紀後半以後の基本的な認識だと思うんですね。

佐藤　ニュートン的な世界観からカントは組み立てられていて、アインシュタイン以降それが限界に達してるということはその通りです。しかし、この近代は現在の宇宙観とはかけ離れたところで、ニュートン的な世界、力学的な世界の上に築かれていると思うんです。政治的な勢力均衡論も国連のメカニズムも、基本的にはいまだにカント的な世界観の上に立っています。そういう意味で、カント解釈の問題というのは、哲学のなかではずっと続いてると思うんですよ。カントが提示した、互いに矛盾し対立するアンチノミー（二律背反）に耐える力がすごく必要なんです。政治の世界においてもいろんな見解の違いがある。見解の違いがあるんだけど、完全に一致したいと思わないで、差異に耐える力を、カントのアンチノミーの解釈というのももう一回やり直すことで得られるんじゃないか。それで私はカントがすごく重要だと思ってるんです。

立花　カントを読むことがアタマの訓練に非常に役に立つということは認めます。カントは大変に緻密な議論の組み立て方をするから、いったん彼流の議論の組み立て方にまきこまれてしまうと、それに反駁することは大変に難しくなる。しかし、すべての誤った議論がそうであるように、彼の議論の誤りもその前提にある。『純粋理性批判』の場合、何をもって「純粋理性」というかという、その定義から議論をはじめて、「いかなる経験もいかなる感覚も混入されない認識」をもって純粋な認識といい、そのような認識を得させる理性を純粋理性というわけです。そのような認識をアプリオリな認識といい、それはどのような認識かを延々論じていくわけです。そして、それが経験・感覚体験にもとづくアポステリオリな認識と比較して、どれほどピュアで、人間理性の根源部分に直結した大事な認識能力であるかが論じられていくわけです。

しかし、現代の認知科学が明らかにしている事実は、そのような認識はないということです。人間の認識というのは、すべてが経験・感覚入力の基盤の上に成立するものであって、もし、感覚入力をすべて取り去ったら、認識能力そのものが崩壊してしまうということを、沢山の感覚遮断実験が証明しています。僕自身そういう実験に参加したことがあるから体験事実としてよく知っていますが、人間から視覚を奪い、聴覚を奪い、あらゆる皮膚感覚（触覚、温度感覚など）を奪っていくと、自分と自分を取りまく世界とのつながりが失われていき、自分がある客観世界に属した存在であるという一切の感覚が失われ、世界が崩壊します。それとともに、自己の存在感が失われ、自己が失われ、幻覚世界の中に自己が溶けだしていくような感覚におそわれます。それと同時に、いつのまにか意識が失われ、眠りに入ってしまいます。いかにも高級な意識と聞こえる純粋理性などというものは存在しないということがすぐにわかります。というか、それ的なものがあったとしても、それはきわめて低レベルの意識、狂った意識だということがわかります。

というわけで、僕はカントの『純粋理性批判』の議論は、ただの机上の空論と思っていますが、カントの**『永遠平和のために』**（岩波文庫ほか／立花57）は評価しています。薄い本ですが、世界の平和構築は、どうしても必要なことですから。そのとき頼りになる最初の原点に、カントのこの本がある。日本の憲法九条もその原点を辿ると、カントにいくわけですよね。

佐藤　ええ。世界の国々がそれぞれのエゴを捨てて、最終的に世界平和国を建設する。そんな大きな夢を持ちつつ、現実の政治で、二律背反に耐えて生き抜くことが大事です。

ディベートができない日本人

佐藤　立花さんはポパーの『**開かれた社会とその敵**』（未来社／立花66）を挙げていらっしゃいましたね。私はポパーの反証主義が、ディベートの手続きとして重要だと思うんです。

立花　相手の主張を最後まで聞いた上で、具体的にどこがおかしいかを批判していく。それによってその主張の本質的な部分が崩れるかどうか吟味していく。ポパーは実験や観測によって反証可能な仮説であることが、科学的な仮説であるための必要条件とした。逆に、何でも説明してしまう反証不可能な仮説は、科学的ではないと批判しました。細木数子の「心を入れかえなければ、地獄に堕ちるわよ」っていうのも反証不可能。

佐藤　反証主義が根付いていない日本は、ディベートと国際スタンダードでの書評がない国なんです。基本的にネガティブな書評が、日本の文化ではやりにくい。論戦でも、論理は無視して、争点もないまま、人格的な誹謗中傷に終始する。こういう文化ですから。

ポパーは『歴史主義の貧困』（中央公論新社）の中で、マルクス主義のように一つの思想の下に社会全体の改造を目指す「ユートピア的方法」に対して、ピースミール的方法、すなわち継ぎ接ぎによって、よりましな社会ができるとしました。私は、「よりましな社会ができる」ということは、その前提として、人間はその能力をもっているという超越的な感覚があると思うんです。そうすると、どこかで、神様が出てきませんか？

立花　うーん、僕はそうは思いません（笑）。ポパーの主張の要点は、反証不可能な議論は、科学においても、政治においても、経済においても、すべて間違いであるということです。そこから出発している。神様が出てくると反証不可能になってしまいます。

佐藤　公理系をどう考えるか、ゲーデルの**『不完全性定理』**（岩波文庫／佐藤128）とポパーとの整合性をどう考えるかという問題だと思うんです。議論を組み立てる上で、絶対に疑い得ない、反証不可能な何か――公理から出発しなければならないですよね。

立花　公理から出発しなければならない、と考えるのは一つの立場です。そう考えたとたん公理系が存在することが前提とされ、その人の考えは公理系の中に閉じこめられてしまうことになる。大切なのは、そういうことを前提とせず、公理系があるかどうかはわからないけど、とりあえず、確実と思われる体験事実を積み上げていくことで世界認識を深めていこうと考えるオープンマインディドネスなのではないかな。そしてまた認識はどういう時間軸を取るかによって変わってきますよ。ある期間には間違いであることがわからなくても、もう少し長い期間で考えると間違いであることがわかることがあります。ソ連型の共産主義がそのいい例です。今、アメリカで、かつてないような国家による経済への干渉が始まっている事態も、時間軸をどう取るかによって評価が変わってくるでしょう。時間軸を離れた、トランセンデンタル（超越的）なものがあるかどうかはわからないというのが僕の立場です。

佐藤　形而上学を一切認めないわけですね。

立花　そうです。

佐藤　それだったらわかります。私はやはり厳密な事柄がそれでも成立するためには超越的な立場、神様のようなものを想定しなければならないと考えます。やっぱり立花さんに形而上学がある気がするなあ。もし無限にピースミール的な方法で、漂流し続けなければならないなら、おそらく本は読まなくなるんじゃないか。思索活動もやめてしまうのではないか。

立花　そんなことないんじゃないですか（笑）。漂流するからこそ、本がますます必要になるんだと思います。

十八世紀イタリアの思想家ヴィーコの**『新しい学』**（法政大学出版局／立花60）を入れました。ヴィーコは、デカルトが当時最大の哲学の権威とされていた時代に、デカルトの発想そのものが間違いであるとする論を立てたんです。デカルトは、「我思う故に我あり」式に、すべてを疑い、すべての知識を懐疑の精神のふるいにかければ、絶対確実な知識の断片が得られるとした。そしてそれら絶対確実な知識の断片を集めることで、幾何学の公理定理の体系のように、人間の知識を再構築できると考えた。しかし、ヴィーコはそんなことはそもそも無理だと唱えました。

佐藤　どうしてですか？

立花　ヴィーコは、そもそも確実な知識というものは、それを作った者にしか理解できない。だから自然に関して絶対確実な知識を持ちうるのは自然を作った神様だけである。一方、人間が持ちうる絶対確実な知識は人間が作ったものについてだけである。人間が作ったものとは、具体的には社会とか歴史、政治、道徳、倫理といったものです。これらをヴィーコは「新しい学」と名付けた。

佐藤　面白いですね。

立花　ヴィーコの精神は、現代の自然科学と技術を支えていると思いますよ。自然科学は「実験してみなければわからない」、技術は「作ってみなければわからない」という精神によって支えられているわけですから。

佐藤　そのあたりと形而上学をうまく整理してくれるのはハーバーマスの**『認識と関心』**（未来社／佐藤⑫）でしょうね。ハーバーマスは何かを認識する場合、それを導く利益関心が先行すると考えます。実験しようとする精神、ものを作ろうとする精神を人間が生き残ろうとするための「認識を導く関心」によって、形而上学を用いずにハーバーマスは説明することに成功したと思います。

虚学と実学

佐藤　私は一九七九年に同志社大学神学部に入学したんですが、びっくりしたことが二つありました。一つめは、試験が一切なかったこと。「こんな狭い学部だから、試験なんかやっても意味ないでしょう。その代わり一年に一回、レポートを書いてもらいます」と言うんです。それで聖書学一とか二というふうに、うんと難しい講座と、単位を簡単にくれる講座とがあらかじめ二つに分かれている。うんと難しい講座は、受講希望者が少ないと年によっては開講しないこともありました。

二つ目に驚いたことは、教授たちが実によくできること。同志社大学の当時の教授たちは、戦前、キリスト教徒であることに何のプラスもない時代にあえて選んで来たような人たちで、旧制三高から来た人もけっこう多かった。彼らは戦後まもなくアメリカやドイツなどに留学して、学位を取って帰国した。私の指導教授の緒方純雄先生も、アメリカのユニオン神学大学でパウル・ティリッヒの指導を受けた人だということを後で知りました。ティリッヒは、ドイツ社会民主党員でしたが、ナチス党と対峙してドイツを追われ、アメリカに亡命していました。アドルノの指導教授でもありました。私は何人かの神学教授に可愛がられて、一年生のときからマン・ツー・マンの授業を受けていました。アルバイトする余裕なんか全くなかった。大学というところはあんなに勉強させられるところだと思いませんでしたね。特別に面倒を見てもらったおかげで、二回生の時点で大学院までの課程をぜんぶ終わらせることができた。三回生のときから大学でときどき教えるようになったんです。

立花　何を教えていたんですか。

佐藤　組織神学です。キリスト教と他の宗教や哲学を比較して、いかにキリスト教が正しいかを証明し、他者を説得するかを研究する学問です。私は、キリスト教とマルクス主義の関係について、先生から「佐藤君のほうが細かいことを知っているから、四回ほど佐藤君の話を聞いてみましょう」と言われ、講義ノートを作って、教えながら勉強していったわけです。

語学に関しても、必修はドイツ語だったんですが、「ちょっと余力があるようだから、ギリシア語とヘブライ語とラテン語をやれ。ギリシア語は二つやれ。あと、チェコについて勉強したいんなら、ロシア語もやってこい」と言われました。

立花　ギリシア語二つというのはどういう意味ですか。

佐藤　コイネーギリシア語と古典ギリシア語です。そんな感じでかなり締め上げられたんですよ。後にソ連崩壊期に外交官として任務に就いているときや、モスクワ大学、東大で教鞭を取るときも、神学部の教授たちに教わったことが役に立ったなあと思っているんですよね。

神学は虚学だと思うんです。神学から見ると理学も、工学も、法学も、文学も、経済学もすべて実学なんです。私は虚学と実学のバランスが取れてはじめて総合知が生まれると思うんです。少なくともヨーロッパはこういう発想から抜け出せていないと思うし、また抜け出す気もない。そういう観点から、私には、東京大学をはじめ官学のいちばんの問題点は、虚学の部分をもっていないことです。

立花　神学部がない、と。だけど、文学部でやっていることの相当部分は虚学だと思いますけどね。

佐藤　それでも神学から見れば実学です。いずれにせよ、虚構性を学問（総合知）に取り入れる必要があると思うんです。言い換えると知的な基礎訓練を受けた人たちが、物語を読み解き、また場合によっては物語をつくることができるようになる必要があります。そうじゃないと、世の中で流通していることの物語性がわからなくなってしまう。物語だからいいかげんなところがあるのは当然なのに、人々が物語を唯一の真実と信じてしまうようになると、社会も国家もとんでもない方向に行ってしまうと思うんですね。ソ連体制はなぜ自壊したのか。あれは外部の圧力で崩壊したわけではありませんでした。ソ連のインテリたちの力によって崩れていった。ソ連という物語をソ連のインテリたちが脱構築していったのです。それは、彼／彼女らに総合知が備わっていたからだと思うんですね。

英語教育の間違い

立花　教養学部というのは、欧米ではアーツ・アンド・サイエンシーズと言いますね。これはギリシア語のテクネーとエピステーメーを英語に翻訳したものです。エピステーメーは要するに知識です。それに対して、テクネーは技術で、体に覚え込ませるもの。外国語習得は、テクネーですよね。

佐藤　ええ。エピステーメーだけでなくテクネーを習得することもとても重要です。外国語の習得に役立ちそうなものとして、**『外国語上達法』**（千野栄一著／岩波新書／佐藤196）を入れました。著者の千野さんは、元々外国語が得意じゃないんですが、努力して英語、ドイツ語、フランス語、チェコ語など多くの言語を習得した人です。この本は、千野さんの経験に照らして、辞書・学習書の選び方、文法のコツなどが紹介されていて、参考になります。

ただ、私は、外交官や通訳など職業的に外国語をマスターしていることが必要な人を除けば、外国語が得意でなくてもかまわないと思っています。逆説的な意味じゃなくて。

一般論として、外国語によるコミュニケーションが発達していない国では、翻訳文化が発展するんです。実際、現在フランスやロシアではドイツよりも外国語の翻訳が非常に多いんです。日本もそうですね。重要なのは、外国語から自国語へ翻訳する過程で、自分たちの文化になじむように文章を咀嚼するから、思想的な深みが増すことです。

それに、外国語の学習にはものすごい時間がかかる。そこに過剰なエネルギーを割くことは時間の無駄だと思うんですね。その意味で、今の日本の英語教育は変なところにエネルギーを使いすぎています。小学生にまで英語教育を広げるなんていうのは間違いもいいところ。問題なのは、中学校の英語が異常にやさしすぎることで、そのしわ寄せとして、高校の英語が異常に難しいことです。

立花　高校の英語が難しすぎる？

佐藤　ええ。高校の英語を完全にマスターし、それに語彙を三千くらい増やせば、恐らく以前の外交官試験、今の外務省の専門職員試験には十分合格できます。それから、大学院入試の語学試験というのは明らかに大学よりレベルが低くなっている。これも深刻な事態ですよね。

頭が悪くなる勉強法

立花　いや、語学に限りませんよ。大学院全体のレベルが低くなっているんです。

佐藤　私も早稲田大学の学部と大学院の両方で講義をしましたが、びっくりしました。学歴ロンダリングという現象が起きているんですね、明らかに早稲田大学に入る学力のないどこか別の大学を卒業した人たちが、とにかく早稲田大学の名前がついた卒業証書をとりたい、という思いだけで大学院を受験する。それでも、比較的簡単に合格してしまう。

立花　それは東大も同じなんですよ。東大の大学院は東大の学部よりレベルが低いと言われています。

佐藤　これ、非常に危ないですね。

立花　学部より大学院が上という常識が崩れている東大の研究科が沢山あります。

佐藤　ロシア語のことわざに「魚は頭から腐る」というのがありますが、東京大学大学院がそういう状況だと他は推して知るべしですよ。早稲田大学の政経学部で以前、年号の試験をやったことがあるんです。ロシア革命、真珠湾攻撃、広島への原爆投下、関ヶ原の乱、ウェストファリア条約など山川出版社の世界史教科書からとったごく基本的な年号です。正答率はどれくらいだと思われます?

立花　フフフ。低いでしょう?

佐藤　約五パーセント。

立花　どれがいちばん低かったですか?

佐藤　ウェストファリア条約です。ほぼゼロでした。一九一七年のロシア革命もほとんどダメ。私はショック療法のつもりで学生たちにこう言ったんです。「あなたたちは成績もいいし、頭もいい。しかし二つ問題がある。受験勉強が嫌いだ。それから、受験勉強に意味がないと思っている。人間は、嫌いで意味のないと思っていることは記憶しない。しかし、ウェストファリア条約を、これを近代と見るか、中世と近代の分かれ目と見るか、それとも宗教改革やルネッサンスに中世と近代の分かれ目があると見るか、こういう節目の年というのは重要なんだよ、あとは自分で考えろ」。その次の次の回ぐらいまでには、高校段階のものをもう一回復習してきて、今度は記憶に焼きついているんですよ。今、大学の教師としてやるべき一番重要なことは、動機づけだと思っているんです。

それから、私は頭が悪くなる勉強法というのがあると思うんですよ。

立花　勉強して頭が悪くなる？

佐藤　ええ。その一つが受験勉強です。国家公務員I種試験とか、司法試験を三回も四回も受けたらいけないんです。一定の時間、机に座って、記憶したことを一定の時間に紙の上に再現する、記憶と条件反射しか使いません。それを一つの分野でやりすぎると頭が悪くなる。受験勉強に時間をかけすぎると、頭が悪くなって、その枠組みから抜けられなくなるんです。だから、外務省の中でも苦節四年とか、苦節五年で入ってきた外交官で使い物になるやつは一人もいない。そう言う意味で、読書の危険性を説いたショウペンハウエルの**『読書について 他二篇』**（岩波文庫／佐藤191）を読んでおくべきです。ショウペンハウエル自身は大変な読書家ですが、何度も読書のしすぎはよくないと警告しています。読書というのは人の頭で考えることだから、あまり本を読みすぎると頭が悪くなる、ということをきちんと教えておかなきゃいけない（笑）。

数学と哲学を学べ

立花　これまで初等中等教育の内容が、指導要領でたびたび減らされ、そのしわ寄せが、大学教育に大きなダメージを与えてきました。

佐藤　分数の計算ができないとか、一円硬貨の直径がわからないとか、立花さんの『東大生はバカになったか』（文春文庫）に事例がいろいろ紹介されていますね。

立花　特に理系がひどいんですよ。

佐藤　私も外務省で、研修生の教育係をしていた頃、同じような問題に直面したんです。ロシアで学位を取らせるため、日本外務省の肝いりで、モスクワ大学地理学科、モスクワ高等経済大学に送り込んだんです。ちなみに、モスクワ大学経済学部はマルクス経済学の拠点ですが、ロンドン・スクール・オブ・エコノミクスの提携校であるモスクワ高等経済大学は、近代経済学を学べる非常にレベルの高い大学です。ところが送り込んだ三人が成績不良で退学になった。

立花　なぜ？

佐藤　私も気になって、大学の教務主任に聞いてみたんです。ロシア語が問題なのかと訊いたら、ロシア語ではないという。問題は三つありました。一つ目は「数学」。微積も線形代数もできないから、産業連関表が読めない。金融工学で偏微分がでてくるとお手上げになる。研修生たちは日本の大学で経済学の修士号をもっていたにもかかわらず、です。だから、先生たちは「どうなっているのか」と驚いた。

二番目が「哲学」。日本の大学の教養課程で哲学の単位を取っていれば、その説明で何とかなるんですが、それがないとごまかせない。ロシアの大学では哲学科目の単位取得は学位を取るための大前提ですから。この単位がなかなかとれないのです。

立花 僕は高校で哲学を教えるべきだと思いますね。フランスでは、リセの最終学年（日本の高等学校三年生）で哲学科目をしっかり勉強させられる。哲学に関する知識の伝授ではなく、哲学的思索の訓練が必要です。

佐藤 立花さんのおっしゃることに全面的に賛成します。思考の鋳型を知るためにも、哲学は勉強すべきですね。三番目は、「論理学」。同一律、矛盾律、排中律の考え方がわからないから背理法が使えない。そうするとディベートができない。どこに論理の破綻があるか指摘できない。

それで研修生が退学を余儀なくさせられたのですが、これは私の愛国心を大変に刺激しました。何とかしなければならないと思ったんです。まず高校の数学の教科書を取り寄せてチェックした。そしたら私が高校生の頃使っていた教科書と比べて、集合論が弱くなっていることがわかった。それからリーマン幾何学も。リーマン幾何学は公理系の考え方の導入にちょうどいいんですが、それが全くなくなっていた。そこでプリントを作って、高校レベルの講義をしたんです。そういう訓練を受けると、留学してPh.D.を取ってくる研修生も出始めましたね。欠損箇所を明らかにして補ってやれば、もともと机に向かって集中する能力があるわけだから大丈夫なんです。

立花　それで、**『ビジネス数学入門』**（芳沢光雄著／日経文庫／佐藤193）を入れた？

佐藤　そうです。高校レベルに遡って、ビジネスマンに必要な数学、対数、微積、線形代数といったあたりを扱っています。それと、ゲーデルの『不完全性定理』（岩波文庫）を熟読して、数学基礎論を学んで、証明とは何なのか、公理系とは何なのか知っておく必要があります。そうじゃないと、エセ科学に騙されてしまう。

立花　日本の教育はガタガタで、経済的な破綻の根っこには、知的な破綻があるんですよね。

佐藤　キルケゴールの言葉に、「非本来的絶望」というのがありますね。絶望的な状況にあるのに、それを感じない（笑）。しかもそういうことに気づかない連中が国を仕切っている。

エリートの作り方

立花　初等中等教育のレベル低下がある一方、今、日本の高校でも、トップのやつは、外国の大学に直接行く流れができつつありますね。東大とか京大に行くんじゃなく、アメリカの一流の大学に高校からいきなり入る。そういうルートをちゃんと切り開いている連中が出てきています。

これまでは、一度社会に出て、たとえば外務省なり財務省なり、官庁に入って、そこから留学するとか、あるいは大企業や銀行からハーバード・ビジネス・スクールのようなところに留学するとか、そういうルートが主流でした。今ではそれとは全く別の流れができているんです。いずれそっちのほうが主流になるに違いないと思います。そうすると、日本のエリートの人材の流れがすごく変わってくると思います。

佐藤　私はＭＢＡ（経営学修士）とか、アメリカの大学に留学するコースは、標準的なエリート形成として、いい手段だと思うんです。しかしトップエリートの形成のためには、アメリカでも、ドイツでもダメ。やはりイギリス、あるいはロシアがいい。

たとえばイギリスの場合、オクスフォード、ケンブリッジではまず大学のゼミに参加しても、先生に会えません。担当してくれるのは大学院の博士課程のやつか、せいぜい助手。それで、来週までにこの本を読んでこい、と言ってあてがわれるのが、日本人割り引きがあったって、五百ページぐらいですよ。それが六科目。だから一週間で三千ページ読まないとならない。それによって三千ページ読む技法が当然身についてくるわけです。

あるいはロシア。モスクワ大学は、日本で言うと、東大、京大、お茶の水、早稲田、慶應、上智を合わせたような大学なんです。ここに次ぐレベルの大学はありません。それで学生数は理科系、文科系全部合わせても六千人ぐらい。しかし、モスクワ大学は一番レベルの高い大学ではないんです。大学院大学の科学アカデミーというのがある。例えば民族学・人類学研究所には附属の大学院がある。ソ連時代、六百人研究員がいましたが、募集は毎年若干名だけ。それでも本年度の該当なし、ということが多いんです。

私はモスクワの日本大使館に勤務していたときに、この大学院に、ロシア語で「ソイスカーチェリ（соискатель）」という特別の資格で入れてもらいました。学位論文提出権有資格者という意味で、大学院の単位をとらなくても籍を置くことができる特別枠ですが、大学院（三年制）には私を含めて五人しかいませんでした。学生たちは驚くほどよくできました。外国語も五〜六、自由にあやつる学生もいました。いわゆる学校秀才ではないもともと頭のいい学生がこれほど多いということを知って、ロシアと対抗するためには日本の知は基礎体力をもっと強化しなくてはならないと痛感しました。哲学研究所でも募集は若干名で、マキシマム三人か、四人。そこに入ることができれば研究職は完全に保証されます。入口で絞っちゃうんです。クレムリン（ロシア大統領府）で国家戦略を策定している官僚にも科学アカデミー出身者が多いです。

モスクワ大学というのは五年制で、最終学年の前半に提出が必要な論文数は日本の修士論文三本です。後半は教育実習。教育実習は各地方大学で行われる。モスクワ大学の五年生が地方大学の准教授くらいの扱いを受けます。モスクワ大学と各地方大学に、その程度のレベル差があるということは大前提なんです。だから、言わずもがなのうちに社会のエリートである、という意識が育つ。これから日本において二十一世紀のエリートをどうつくっていくかって、すごく重要だと思うんですね。

巨大書店を隅から隅まで回れ

立花　教養というのは別の言葉で言えば、人類の知的遺産です。その場合、教養教育とは、知的遺産の財産目録を教えることになります。しかし、いかにしてその全体像を教えるか。私は、知の世界の果てがどうなっているか、それが想像できるような地点へ学生を連れていくことだと思っています。佐藤さんは、シェリングの**『学問論』**（岩波文庫／佐藤[101]）を挙げています。シェリングはドイツ観念論の哲学者で、哲学を中心にあらゆる学問を有機的につなげるべきだとこの本で伝えています。

佐藤　シェリングによると、天賦の才のないやつは学問をする資格がない、ということなんです（笑）。要するに、直観的にパッと分かるやつにしか、学問をする資格はない、と。じゃあそれ以外の人はどうすべきかと言ったら、学問をする資格のある人の言うことをよく聞きなさい、と言うわけです。ただし、それには手続きがある。マックス・ウェーバーの『職業としての学問』（岩波文庫）の先駆けですね。

この手続きというのが重要なんです。大学で質問を受けたとき、私はよく言うんです。「あなたが今やろうとしていることは何なんですか？　質問？　照会？　質問や照会だったら、まず先生の土俵の上に立って、先生に迎合して質問、照会しないとダメですよ。教師に迎合するんです。そうじゃないと知識は身につきません。もし教師に対して異論や文句があるならば、反証主義の手続きを取りなさい」

立花　ポパーの反証主義ですね。とりあえず先生の主張を前提として、個々具体的に反論を加えていく。

佐藤　で、学生の中には、質問でも、照会でもない、単なる意見表明をはじめる人もいるんです。でも意見表明は、教室では時間の無駄。「状況はよく分からないけれども、僕は絶対に正しいと思う」というのが意見表明です。これは神々の戦いになってしまう。神々の戦いを調停することはできません。だから学生には、「質問、照会、意見表明の三つに区分けしなさい。三番目はこの教室ではダメ」。こういうようなところから教えないといけないんですよね、

立花　知の全体像を考えた人が何人かいますね。代表的なところでは、中世のライムンドゥ

ス・ルルス、イギリス近世のフランシス・ベーコン、フランス革命に思想的な影響を与えた百科全書派のディドロ、ダランベールなどです。彼らは、知識の系統樹を作って、知の全体像をつかもうとしました。

佐藤 現代は知識がタコツボ化しているから、全体像をつかむということはすごく大事ですね。教養は全体像をつかむための強力な武器です。全体的な知を得る技法について、一八一一年にこういう本が出ているんです。フリードリッヒ・シュライエルマッハーの『神学通論』(教文館)という本です。シュライエルマッハーは近代神学の父で、哲学、教育学者としても知られています。ナショナリズム思想でも重要な業績を残しています。彼はこの本の中で、こういうことを言っているんです。神学は様々に分化して、それぞれが発展している。その全体に通暁することはいかなる者であっても不可能である。しかし、各分野について全く知識を持っていなければ、実証的な体系知(ポジティウェ・ウィッセンシャフト)としての神学は成り立たない。だから、全体像をつかむ特別の手法を研究しなければならない。

立花 今、教養という言葉は死語になりつつある。また、万巻の書を読みつくせる人はいません。結局は、人生の残り時間を確認しながら、最大の成果を得られるように計画を作るしかない。そのとき、知識の系統樹が頭に入っていることが大切です。それとやはり紙媒体に書かれたものを読む、つまり読書が必要なのです。なぜなら、最初の話に戻りますが、人類はそうやって脳を発達させてきたからです。

読者にお勧めなのは、巨大書店の書棚をすべて隅から隅まで見て回ることです。すべて見るのが大変なら、文庫と新書コーナーだけでもいい。現代社会の知の全体像が大ざっぱでもつかめると思います。アマゾンもいいけれど、書店の棚にはやはり全体像がある。僕は今でも週に何度か気に入った書店に行きますよ。思わぬ本との出会いがあるから。

付録

立花隆による「実戦」に役立つ十四カ条

スペースがあまりないので、メモ風に記すことにする。以下、最初に断っておくが、あくまで仕事と一般教養のための読書についてであって、趣味のための読書についてではない。

(1) 金を惜しまず本を買え。本が高くなったといわれるが、基本的に本は安い。一冊の本に含まれている情報を他の手段で入手しようと思ったら、その何十倍、何百倍のコストがかかる。

(2) 一つのテーマについて、一冊の本で満足せず、必ず類書を何冊か求めよ。類書を読んでみてはじめて、その本の長所が明らかになる。そのテーマに関して健全なパースペクティブを得ることができる。

(3) 選択の失敗を恐れるな。失敗なしには、選択能力が身につかない。選択の失敗も、選択能力を養うための授業料と思えば安いもの。

(4)　自分の水準に合わないものは、無理して読むな。水準が低すぎるものも、水準が高すぎるものも、読むだけ時間のムダである。時は金なりと考えて、高価な本であっても、読みさしでやめるべし。

(5)　読みさしでやめることを決意した本についても、一応終わりまで一ページ、一ページ繰ってみよ。意外な発見をすることがある。

(6)　速読術を身につけよ。できるだけ短時間のうちに、できるだけ大量の資料を渉猟するためには、速読以外にない。

(7)　本を読みながらノートを取るな。どうしてもノートを取りたいときには、本を読み終わってから、ノートを取るためにもう一度読み直したほうが、はるかに時間の経済になる。ノートを取りながら一冊の本を読む間に、五冊の類書を読むことができる。たいていは、後者のほうが時間の有効利用になる。

(8)　人の意見や、ブックガイドのたぐいに惑わされるな。最近、ブックガイドが流行になっているが、お粗末なものが多い。

(9)　注釈を読みとばすな。注釈には、しばしば本文以上の情報が含まれている。

(10)　本を読むときには、懐疑心を忘れるな。活字になっていると、何でももっともらしく見えるが、世評が高い本にもウソ、デタラメはいくらもある。

⑾　オヤと思う個所（いい意味でも、悪い意味でも）に出合ったら、必ず、この著者はこの情報をいかにして得たか、あるいは、この著者のこの判断の根拠はどこにあるのかと考えてみよ。それがいいかげんである場合には、デタラメの場合が多い。

⑿　何かに疑いを持ったら、いつでもオリジナル・データ、生のファクトにぶちあたるまで疑いをおしすすめよ。

⒀　翻訳は誤訳、悪訳がきわめて多い。翻訳書でよくわからない部分に出合ったら、自分の頭を疑うより、誤訳ではないかとまず疑ってみよ。

⒁　大学で得た知識など、いかほどのものでもない。社会人になってから獲得し、蓄積していく知識の量と質、特に、二十代、三十代のそれが、その人のその後の人生にとって決定的に重要である。若いときは、何をさしおいても本を読む時間をつくれ。

（「朝日ジャーナル」一九八二・五・七初出／
『ぼくはこんな本を読んできた』〔文春文庫〕収録）

ブックリスト2 すぐ役に立つ、すぐ買える〈文庫&新書二百冊〉

佐藤優選・文庫&新書百冊

●思想・哲学・宗教

101 **『学問論』** シェリング 勝田守一訳 岩波文庫

シェリングは、天才哲学者である。物事の本質は、それに触れた瞬間、瞬時に把握することができるので、それを把握するための基礎となる総合的な教養を身につけるのが大学における学問の本質であると考えた。断片的知識ではなく、人間が生きていくために必要な総合知こそが学問であると説く。大学生に是非読んでもらいたい書だ。

102 **『西洋哲学史 古代から中世へ』『西洋哲学史 近代から現代へ』** 熊野純彦 岩波新書

西洋哲学史に関する最新の学術的成果を取り入れた通史。大学一年生に焦点をあてたテキストになっているが、問題意識の先鋭な中学生ならば十分理解できる内容になっている。ビジネスパーソンで哲学を勉強したいと考えている人にお勧めする。熊野氏は、故廣松渉氏の高弟で、日本の最良質の哲学的知性の継承者である。

103 **『エチカ　倫理学（上・下）』**　スピノザ　畠中尚志訳　岩波文庫

本書はタイトルから倫理学の書と勘違いされている。実際は、形而上学、精神と認識の起源、感情、倫理、人間の自由と幸福について総合的に書かれた著作である。ヨーロッパの近代を理解するために本書を読んでおくことが不可欠である。

104 **『永遠平和のために』**　カント　宇都宮芳明訳　岩波文庫

カントの名前は誰でも知っているが、その著作はほとんど読まれていない。本書は短く、国際連合の理念を理解するためにも是非読んで欲しい。なお、柄谷行人氏の『世界共和国へ』（岩波新書）は、カントの思想を二十一世紀によみがえらせようとする試みだ。

105 **『プロレゴメナ』**　カント　篠田英雄訳　岩波文庫

プロレゴメナとは、ドイツ語で序文の意味。カントの思想の全体構想が描かれている。主著の『純粋理性批判』がわかりにくいと批判されたので、カントは真意を表明するためにこの本を書いた。形而上学の意味を知るための必読書。

106 **『将来の哲学の根本命題　他二篇』**　フォイエルバッハ　松村一人・和田楽訳　岩波文庫

哲学の根本問題は、神、絶対精神とか超越性に関する現実から遊離したおしゃべりに時間を費やすのではなく、現実に存在する人間の問題について考察することであるというヒューマニズムの立場を明快にした著作。左翼思想の源泉はフォイエルバッハの人間観にある。

107 **『西洋哲学史(上・下)』** シュヴェーグラー 谷川徹三・松村一人訳 岩波文庫

ヘーゲルの死後、ヘーゲル学派は右派、中央派、左派に分裂したが、シュヴェーグラーは中央派に属する。古代ギリシアからヘーゲルまでの哲学史をわかりやすく説いている。高校の倫理・社会の教科書を消化しておけば、それほど苦労することなく本書を読み解くことができる。

108 **『新約聖書 福音書』** 塚本虎二訳 岩波文庫

日本には特定の教団や教会に所属しない無教会派というキリスト教徒のグループが存在する。この人々は原典による聖書研究を重視する。ギリシア語のテキストに忠実でありつつ、大胆な解釈をする塚本訳福音書からは、多くの知的刺激を受ける。

109 **『独白』** シュライエルマッハー 木場深定訳 岩波文庫

シュライエルマッハーは、神は人間の心の中にあるという「神の場所」の転換を行い、キリスト教が近代的世界観と矛盾しない枠組みをつくった。独白(モノローゲン)という形で、真理を提示することができるという考え方が見事に展開されている。これは近代小説と通底する発想だ。

110 **『ヘーゲル』** 城塚登 講談社学術文庫

難解なヘーゲル哲学をわかりやすく解説している。中学二~三年生でも十分理解できる記述になっている。特にヘーゲルの評伝に関する部分は、バランスのよいできである。弁証法の基本概念を理解するための入門書として最適。

111 **『善悪の彼岸』**　ニーチェ　木場深定訳　岩波文庫

ニーチェの著作には、何を言っているかよくわからないものが多いが、本書はわかりやすい。道徳について考える場合、キリスト教による刷り込みが前提となっていることに警鐘を鳴らす。非キリスト教文化圏のわれわれ日本人からすれば、当たり前のことであるが、十九世紀末から二十世紀のヨーロッパ人にとっては大きな衝撃だった。

112 **『プラグマティズム』**　W・ジェイムズ　桝田啓三郎訳　岩波文庫

物事は、実際に役に立たなければ意味がない。そこから、役に立つ事柄こそが真理なのであるという発想が生まれる。一見、浅薄な思想のように見えるがそうではない。人間には正しい事柄を選択する能力が備わっているという思想の背後には、神が控えている。プラグマティズムはユダヤ・キリスト教的価値観と不可分であることを理解することが肝要だ。

113 **『笑い』**　アンリ・ベルクソン　林達夫訳　岩波文庫

笑う動物は人間だけである。人間はどのような状況で笑うのであろうか？　嬉しいときだけでなく、照れ隠しや、苦笑いもある。また、冷笑もある。人間が通常の思考の限界に突き当たったときに笑うというベルクソンの洞察は優れている。

114 **『存在と時間（上・中・下）』** マルティン・ハイデガー　桑木務訳　岩波文庫

人間という存在が、意識しないでおこうと努力しても死に怯え、それにもかかわらず、自分を前に押し出して生きていこうとする姿が、どろどろした文体で書かれている。死の問題について考える際に本書を避けて通ることはできない。

115 **『我と汝・対話』** マルティン・ブーバー　植田重雄訳　岩波文庫

人間の関係には、「我とそれ」、「我と汝」の二通りの在り方があるという独自の二分法から、人間をモノと見なすような疎外された人間社会の現実を鋭く洞察する。ブーバーの思想から人間と神の「我と汝」の関係の類比による人間の連帯性回復という処方箋が導かれる。

116 **『啓蒙の弁証法　哲学的断想』** アドルノ、ホルクハイマー　徳永恂訳　岩波文庫

理性を基礎に据えた近代社会が、なぜナチズムのような野蛮な現象を生みだしたかを深く考察する。特に、トーキーの登場により、思考よりも感情が先立つメディアの展開によって大衆煽動が可能になったという考察が重要。テレビ文化の問題を先取りしている。

117 **『反哲学史』** 木田元　講談社学術文庫

フッサールの現象学は、現代思想の母体となる複雑な知的操作が加えられた体系であるが、木田氏はそれを見事に消化している。その上で、ソクラテス以降の哲学の流れをわかりやすく整理している。高校生でも十分理解できる内容だ。旧東ドイツ哲学の弁証法理解との親和性が

高い。

118 **『ウィトゲンシュタイン』**　藤本隆志　講談社学術文庫

本文で立花氏がウィトゲンシュタインから強い影響を受けたことを述べているが、現代の優れた知性の持ち主は、一人の例外もなくこの思想家の影響下にある。評伝部分も読みやすく、『論理哲学論考』の抜粋と解説もわかりやすい。

119 **『精神分析入門（上・下）』**　フロイト　高橋義孝・下坂幸三訳　新潮文庫

精神分析学の生みの親の主著。タイトルだけが有名であるが、ほとんど読まれていない古典の一つ。現在の精神医療にもフロイト派の影響は強いので、周囲にうつで悩んでいる人がいる場合、精神科医がどのような基本認識で患者に対処しているかを知るためにも本書を読むことを勧める。フロイトの発想にはユダヤ教の神秘思想「カバラーの知恵」が強い影を落としている。

120 **『玉勝間（上・下）』**　本居宣長　岩波文庫

「漢心《からごころ》ならざるものが大和心《やまとごころ》である」という否定神学的方法で日本と日本人に関する規定を行った本居宣長の思想がもっともよくあらわれている。日本のナショナリズムについて考える際の基本書でもある。

121 **『三酔人経綸問答』**　中江兆民　桑原武夫・島田虔次訳　岩波文庫

日本の左翼思想の原形は、この著作に出つくしていると思う。また、政治や経済の話は、酔っぱらいの議論であるというユーモアのセンスも抜群に面白い。市民派でありながら尊皇家でもあった中江兆民の思想は、日本人にとっての天皇の意味を考える上でも重要。

122 **『現代語訳　論語』**　宮崎市定　岩波現代文庫

『論語』は、日本人の精神を形づくる上で決定的に重要な役割を果たしたテキストであるにもかかわらず、現在ではほとんど読まれていない。無理のない現代語に置き換えられている。また、中国人エリートの内在的論理に『論語』が与えている影響も大きいので対中ビジネスに従事する人にもお勧め。

123 **『現代語訳　般若心経』**　玄侑宗久　ちくま新書

般若心経は、経典のなかでは短く、写経で広く親しまれているにもかかわらず、その意味はほとんど理解されていない。仏教の縁起観について、玄侑宗久師がわかりやすく説く。玄侑氏のような、宗教思想を外部の人々にわかりやすく説く能力をもった神父や牧師が日本ではほとんどいない。キリスト教徒である評者としては、この現実を何とか変えたいと思っている。

124 **『善の研究』**　西田幾多郎　岩波文庫

難解であるという評判が浸透しているせいか、有名であるにもかかわらず、読まれていない名著の一つである。実際に読んでみると論理が明晰で、森羅万象の根源を純粋経験に求めるという考えからは理解可能である。知的基礎体力を強化するために、是非、大学生諸君はこの本に取り組んでほしい。

125 **『イスラーム文化　その根柢にあるもの』**　井筒俊彦　岩波文庫

『コーラン』の翻訳で著名な井筒俊彦は、英仏独露、ギリシア、ラテン、アラビア語などに通じた異能の知識人だ。本書ではイスラーム文化の根底にある存在論を超越性との関連で論じている。異文化をどう理解するかの方法論としても示唆に富む。

126 **『環境倫理学のすすめ』**　加藤尚武　丸善ライブラリー

ヘーゲル研究者として著名な加藤尚武氏による環境倫理学の入門書。環境倫理学の古典的教科書である。同時に、近代自由主義の根幹に、ある人の言説や行為がいかに愚かであっても、他者に危害を加えない限り許容されるという「愚行権」を据えているところが重要だ。環境保全の名の下に「愚行」が制限されると息苦しい世の中になる。

127 **『相対性理論』**　A・アインシュタイン　内山龍雄訳　岩波文庫

特殊相対性理論、一般相対性理論について、アインシュタイン自身による解説書。訳文もわかりやすい。特殊相対性理論については、高校二年生程度の数学力があれば理解できる記述になっている。ポストモダンに関心を持つ人にとっての必読書。

128 **『不完全性定理』**　ゲーデル　林晋・八杉満利子訳　岩波文庫

二十世紀における数学上の最大の成果は、ゲーデルによる不完全性定理の発表と思う。ゲーデルが、数学は自己の無矛盾性を証明できないことを証明したことによって、数学を用いる物理学、経済学などがすべてこの制約下に置かれていることを理解しておくことが重要。

129 **『バカの壁』** 養老孟司 新潮新書

脳生理学者の観点から、人間はひとたび固定観念にとらわれてしまうと、そこから抜け出すことができなくなることを分かりやすく説明している。二〇〇二年の鈴木宗男衆議院議員に対するバッシングを「バカの壁」の一例であると喝破しているのも見事だ。

●戦争・歴史・天皇

130 **『日露戦争史 20世紀最初の大国間戦争』** 横手慎二 中公新書

日露戦争を、二国間の枠組みではなく二十世紀最初の帝国主義戦争という視座からダイナミックに描いている。二十一世紀に入り、国際関係が新・帝国主義的転換を遂げつつある現状で、帝国主義国家の内在的論理を知るための優れた教材である。司馬遼太郎氏が『坂の上の雲』（文春文庫）で描いた感動とは異なる帝国主義戦争の論理が見えてくる。

131 **『ノモンハンの夏』** 半藤一利 文春文庫

一九三九年のノモンハン事変は、日露戦争後、日本が経験したはじめての本格的戦争だった。この戦争の敗因を虚心坦懐に受け止め、抜本的な改善策をとらなかったことが、太平洋戦争の敗北につながったことがよくわかる。ここで描かれたソ連（ロシア）観も正確だ。対ロシア外交やビジネスに従事する人に是非手に取ってほしい。

132 **『国防婦人会　日の丸とカッポウ着』**　藤井忠俊　岩波新書

本文で立花氏とも論じたが、国防婦人会は、日本国家が総力戦体制を遂行するために上から作ったが、途中から魂が入って、下からの本格的ファッショ団体になった。国防婦人会と戦後の主婦連の連続性など日本の社会運動について考える際の基本書。

133 **『双発戦闘機「屠龍」　一撃必殺の重爆キラー』**　渡辺洋二　文春文庫

「空の超要塞」B29に対する迎撃で活躍した複座（二人乗り）戦闘機に関するノンフィクション作品。速度、上昇高度においてB29に劣るため、上向き大型砲を装備したり、空対空特攻（体当たり攻撃）を行った。防空で大きな貢献があった戦闘機として、「屠龍」についてはもっと知られてもいいと思う。

134 **『歴史と外交　靖国・アジア・東京裁判』**　東郷和彦　講談社現代新書

橋本龍太郎、小渕恵三、森喜朗の三総理が進めた北方領土交渉の戦略を構築し、事務的な裏折衝を行ったのが東郷和彦氏だ。東郷氏の祖父はA級戦犯で獄中死した東郷茂徳元外相、父は外務事務次官、駐米大使を歴任した東郷文彦氏。本書は「外務省サラブレッド」の東郷氏が実務経験を踏まえて行った学術的考察。面白くかつ役に立つ。

135 **『日本の戦争』** 田原総一朗 小学館文庫

日本が無謀な戦争に進んでいった理由をていねいに解き明かす。特に一九三六年の二・二六事件の時点で日本の経済状態は改善しはじめ、社会に余裕がでてきたという指摘が興味深い。革命運動とは、常にどん底ではなく、少し余裕がでてきたところで起きるものだということがわかる。

136 **『〈戦前〉の思考』** 柄谷行人 講談社学術文庫

柄谷行人氏は、国際的にもっともインパクトをあたえている現存の日本人思想家である。東西冷戦が崩壊し、「歴史の終焉」(フランシス・フクシマ)という幻想が思想界を席捲していた時期に新たな戦争を予見した洞察力は見事だ。柄谷氏の予見は二〇〇一年九月十一日の米国同時多発テロという形で現実になった。

137 **『日本書紀(上・下)』** 宇治谷孟訳 講談社学術文庫

『古事記』とともに名前は誰もが知っているが、ほとんど読まれていない本。万世一系について理解する場合、『日本書紀』における武烈天皇と継体天皇の断絶に関する記述が興味深い。武烈天皇が残虐であったという記述には、放伐思想を用いて、継体天皇への皇位の移譲を正当化するという思惑が透けて見える。万世一系が相当幅広い観念であることがわかる。

138 **『謎の大王　継体天皇』**　水谷千秋　文春新書

武烈天皇までの皇統と断絶がある継体天皇がどのようにして即位したかについての謎解きを試みるスリリングな書。『古事記』、『日本書紀』さらに北畠親房『神皇正統記』とあわせて読むと、万世一系が相当幅広い皇統を想定した概念であることがわかる。

139 **『対論　昭和天皇』**　原武史、保阪正康　文春新書

原武史氏は「可視化された権威」という視座から昭和天皇を考察する。保阪正康氏は、歴史的実証性を重視しながら昭和天皇の機能について考察する。戦前、戦中の時間と空間において天皇が果たした日本国民を統合する機能が浮き彫りになる。本書を読んで、天皇機関説の意味がよくわかった。

140 **『武士の家計簿　「加賀藩御算用者」の幕末維新』**　磯田道史　新潮新書

古本屋で入手した武家の「家計簿」を分析することで、江戸時代と明治時代の連続性と断絶性を見事に解き明かす。特に明治期の官僚が一族郎党を十分養うことができるほどの高給取りであったとの指摘が面白い。近代国家の形成において、官僚に対して手厚い傾斜配分がなされていたことがわかる。

141 **『ニコライの見た幕末日本』**　ニコライ　中村健之介訳　講談社学術文庫

ニコライ堂で有名な日本正教会の創設者ニコライ・カサートキンがロシアの雑誌に寄稿した日本事情に関する論文。ニコライには日本が未開国であるという偏見がまったくない。ちなみに新島襄は密出国する前にニコライから英語を学んでいる。このとき新島が正教徒になっていたら、新島はロシアに出国し、同志社大学を創設することにもならなかったであろう。

142 **『兵法 孫子　戦わずして勝つ』**　大橋武夫　ＰＨＰ文庫

故大橋武夫氏は、太平洋戦争中、陸軍将校として中国大陸で謀略活動に従事した経験を生かし、戦後、兵法経営を提唱する。インテリジェンスの観点から大橋氏の著作は有益だ。本書は大橋氏が『孫子』を現代に生かそうとする試み。成功していると思う。

143 **『ＣＩＡ　失敗の研究』**　落合浩太郎　文春新書

他の全ての国家を敵に回してでも勝利する力がある米国のインテリジェンス機関が、何故に初歩的な過ちを犯すかについて考察されている。そもそもインテリジェンスの目的は戦争に敗北しないことであり、国力、軍事力が他国を圧倒的に凌駕する米国ではインテリジェンスが育ちにくいのである。

144 **『日本解体　「真相箱」に見るアメリカ（ＧＨＱ）の洗脳工作』**　保阪正康　扶桑社文庫

米国の占領政策は、日本人が二度と米国に対して挑むことがないように思想を改造することであった。占領軍はこの工作を「太平洋戦争の真相を明らかにする」という客観的装いで行った。米国の宣伝工作の狡猾さに驚嘆する。同時にこの工作に旧日本軍の情報専門家が加わっていたことも興味深い。これらの情報将校は、どのような國體観をもって先の戦争を戦ったのであろうか？

145 **『沖縄学への道』**　外間守善　岩波現代文庫

沖縄戦における集団自決問題を理解するためには、沖縄の歴史と沖縄の人々の内在的論理をきちんと押さえておかなくてはならない。そのために便利なのが沖縄学である。外間氏は、今上天皇の皇太子時代に琉歌の御進講を行った一人でもある。

146 **『嫉妬の世界史』**　山内昌之　新潮新書

知識人も政治家の嫉妬という現象を正面からまじめに取り上げようとしない。しかし、政策や哲学が一致していても、人間は激しくいがみあうことがある。こういうときに嫉妬が大きな役割を果たしていることがある。歴史上における嫉妬の役割を記した画期的な書。

●国家・政治・社会

147 **『国家の品格』**　藤原正彦　新潮新書

本書の内容が、論理よりも情緒を重視せよと誤読されている。実際は、論理の世界と情緒の世界をきちんと分けろと主張している。また、藤原氏の真理観は、ライプニッツのモナドロジー(単子論)と親和的で、絶対的に正しいものが複数あるという立場をとっている。優れた数学者が展開する多元主義的で寛容の精神を強調する国家論である。

148 **『法の精神(上・中・下)』** モンテスキュー 野田良之ほか訳 岩波文庫

国家の専横を抑止するのは個人ではなく、個人と国家の間にある教会のような中間団体であることを明らかにしている。二十一世紀においても新自由主義に対抗することができるのが、宗教団体、労働組合、大学のような中間団体であるという示唆を与えてくれる。

149 **『フランスの内乱』** マルクス 木下半治訳 岩波文庫

一八七一年のパリコミューンの成立と崩壊の過程を描いた評論。プロレタリアート独裁のモデルはここからとられている。マルクス死後のマルクス主義者は、このような短期間で崩壊した蜂起をモデルに共産主義像を組み立てた。本書を読めば、共産主義の無理がよくわかる。

150 **『政権交代論』** 山口二郎 岩波新書

今回の民主党による政権交代を理論的に裏付けた書。山口氏のような英国労働党的な社会主義理論を民主党政権が今後の政策で採用することが重要である。そのことによって、われわれの社会が強化され、結果として、日本国家が強化されるからである。

151 **『日本共産党』** 筆坂秀世 新潮新書

日本共産党の元幹部で参議院議員をつとめた筆坂氏が、一般読者に向けた日本共産党に関する入門書。筆坂氏は感情的にならず、淡々と共産党の現状について説明している。本書を読んで、日本共産党が暴力革命を放棄したというのがマヌーバー（陽動作戦）ではなく、本気なのだということがわかった。同時にこれでは革命へのロマンが生まれない。日本共産党のジレンマがよくわかる。

152 **『ユダヤ人問題によせて　ヘーゲル法哲学批判序説』** カール・マルクス　城塚登訳　岩波文庫

「宗教は人民のアヘンである」という有名な文言は『ヘーゲル法哲学批判序説』の中にある。宗教やユダヤ人問題を直接取り上げるのではなく、これらの問題を生じさせている社会構造を変革する必要があることをマルクスは強調する。

153 **『スルタンガリエフの夢　イスラム世界とロシア革命』** 山内昌之　岩波現代文庫

マルクス主義は、本来、プロレタリアートによる世界革命を志向していた。それが、スターリンによって一国社会主義に変容する過程において重要な役割を果たしたのが「ムスリム・コムニスト（回教徒共産主義者）」である。ムスリム・コムニズムの提唱者であるスルタンガリエフの思想と生涯を描いた傑作。

154 **『反ファシズム統一戦線　新訳』** ディミトロフ　坂井信義・村田陽一訳　国民文庫

ブルガリア人でコミンテルン（共産主義インターナショナル）議長であったディミトロフが反ファシズム統一戦線について説いた演説、著作を集めている。この五年前にコミンテルンが社民主要打撃論を撤回し、反ファシズム統一戦線に転換していたならば、ナチスの台頭を防ぐことができた。歴史的タイミングを失した演説だ。

155 **『コーヒー・ハウス　18世紀ロンドン、都市の生活史』**　小林章夫　講談社学術文庫

近代的な政治空間がコーヒー・ハウスや喫茶店からできたことを、面白おかしく描いている。レベルも高い。イギリス人というと紅茶というイメージだが、これはイギリスがインドを植民地化した以後のことで、そもそもはコーヒーが飲まれていたということを本書ではじめて知った。ハーバーマスの『公共性の構造転換』（未来社）が難解で読み進めることができなかった読者に、まず本書を読み、それから『公共性の構造転換』に戻ることをお勧めする。理解が着実に進むはずだ。

156 **『検証　日朝交渉』**　高崎宗司　平凡社新書

高崎宗司氏は早期に日朝国交正常化を実現せよとの立場に立つが、本書における検証の姿勢は実証的である。日本の対北朝鮮外交を検証する基本書の一つだ。同時に、日朝双方が相手の意図を誤認する過程に至ったのは、両国をつなぐことができる外交官が一人もいなかったからであることがよくわかる。外交における人の重要性が浮き彫りになる。

157 **『北朝鮮に消えた友と私の物語』** 萩原遼　文春文庫

日本共産党中央委員会機関紙「赤旗」の平壌支局員として、北朝鮮を内側から見た貴重なノンフィクション。北朝鮮に帰国した在日朝鮮人の友人に対する思いに胸を打たれる。社会主義とは何であるかについて、根源的に考えさせられる本でもある。

158 **『平壌ハイ』** 石丸元章　文春文庫

「平壌ハイ」という名の幻のドラッグを求めて北朝鮮に渡るという筋で、現実と虚構を適宜織り交ぜた実に面白い北朝鮮紀行。特に妙香山で、金日成への献上品（がらくた類も含む）を参観したときの石丸元章氏のユーモアに富んだ対応が面白い。

159 **『物語 バルト三国の歴史　エストニア・ラトヴィア・リトアニア』** 志摩園子　中公新書

評者は現役外交官時代、ソ連統治下にあったバルト三国を担当し、これら諸国の民族独立運動活動家たちと親しく交遊した。バルト三国の歴史の概要を知るために現在日本語で著された最良の書。地政学的にバルト三国がドイツとロシアの草刈り場であることがよくわかる。

160 **『不思議の国サウジアラビア　パラドクス・パラダイス』** 竹下節子　文春新書

サウジアラビアが国会もなく十数年前までは国家予算とサウード王家の家計さえ分離されていなかった家産国家であることは意外と知られていない。アルカイダ型の国際テロリズムの内在的論理をつかむ場合にも、サウジアラビアの国教であるイスラーム教ハンバリ派のワッハビズム（ワッハーブ主義）を理解しておくことが不可欠だ。サウジアラビアと中東政治に関する優れた入門書である。

161 **『米軍再編　日米「秘密交渉」で何があったか』** 久江雅彦　講談社現代新書

民主党が沖縄普天間基地の県外もしくは国外移転を二〇〇九年八月総選挙のマニフェストに掲げたが、本書を読めば、それが今後の日米関係にどれだけ激しい軋轢をもたらすかがわかる。米国の世界戦略の駒として組み込まれている日本の姿を本書は浮き彫りにしている。

162 **『拒否できない日本　アメリカの日本改造が進んでいる』** 関岡英之　文春新書

いかなる国家にも国家を成り立たせる根本原理、伝統的な言葉で言うところの國體がある。太平洋戦争後の日本の國體は、日米同盟を堅持することだ。そのために、年次改革要望書という形で出される米国の要求に日本が自発的に迎合している現状を、公開資料を用いて実証的に示している。関岡英之氏が高度のオシント（公開情報を用いたインテリジェンス分析）能力をもっていることがわかる。

163 **『被差別部落一千年史』** 高橋貞樹　岩波文庫

講座派（日本共産党系）の史観から描かれた被差別部落に関する通史。やや図式主義的な傾向があるが、日本の歴史を被差別民の観点から捉え直し、「もう一つの歴史」を提示した意味は大きい。天皇について理解するためにも必読の書。

164 **『テロルの決算』**　沢木耕太郎　文春文庫

当初、沢木耕太郎氏がもっていた山口二矢に対する思い入れが、取材が進むにつれて浅沼稲次郎にシフトしていくところが面白い。日本の社会民主主義に関する歴史を知る上でも役に立つ。第三者ノンフィクションの面白さを満喫させてくれる。

165 **『貧乏物語』**　河上肇　岩波文庫

第一次世界大戦後、本格的な産業資本主義社会が日本に出現した状況を踏まえて書かれた作品。この当時の河上肇はマルクス主義者ではなく、ヒューマニストだった。絶対的貧困の克服は貧困者個人の努力では不可能であり、富裕層が奢侈を一部抑制して、貧困者に分配することによって貧困問題を解決すべきであるという主張は、二十一世紀においても説得力をもつ。

166 **『反貧困　「すべり台社会」からの脱出』**　湯浅誠　岩波新書

現代版『貧乏物語』である。すべり台から落ちてしまうように、社会的弱者になってしまうと、自力でそこから這い上がることがいかに困難かがわかる。本文で立花氏とも議論したが、湯浅氏は旧来型階級闘争史観から離れた、現実を虚心坦懐に見据えるヒューマニストである。

167 **『新左翼とロスジェネ』**　鈴木英生　集英社新書

本書に関し、本文で立花氏と議論したが、新左翼運動に関して要領よくまとめられた概説書。ただし、内ゲバ殺人に至る新左翼の党派的偏狭性に関する考察が弱い。ロスジェネには確かに新左翼運動との連続性があり、その点について初めて指摘した書として大きな意義をもつ。

168 **『つぶせ！裁判員制度』** 井上薫 新潮新書

人を裁くことは簡単ではない。「裁くな。あなたが裁かれないようにするために」というのは、イエス・キリストの重要な教えである。本書を読み、裁判員制度が、裁判の民主化とはほど遠い、職業裁判官の「手抜き」に過ぎないということがよくわかった。裁判員の選任通知を受け取った人（ちなみに評者は執行猶予中なので裁判員に選任されない）は是非本書に目を通してほしい。

169 **『新聞があぶない』** 本郷美則 文春新書

「新聞は公器である」とか「新聞は社会の木鐸である」とか言われるが、それがいかに現実から掛け離れているかがよくわかる。もっとも共同通信と徳島新聞が社団法人であるのを除けば、他の新聞社は全て株式会社だ。資本の増殖（金儲け）という大きな制約条件のもとでしか新聞が成り立たない現実が本書を読むとよくわかる。

170 **『教養主義の没落 変わりゆくエリート学生文化』** 竹内洋 中公新書

エリート層の教養は、社会と国家の力の源泉である。社会学者にはシニカルな人が多いが、竹内洋氏は優れた社会学者であるとともに日本の社会と国家に対する熱い思いをもっている。立花隆氏や竹内氏のような教養を大学生に伝えようとする知識人の尽力がかつてなく必要になっていることを、本書を読んで痛感した。

●文学の力・物語の力

171 **『口語訳　古事記［神代篇］』『口語訳　古事記［人代篇］』『古事記講義』**　三浦佑之　文春文庫

『古事記』を現代人に伝えるという重要な役割を三浦佑之氏は果たしている。現代人にわかりやすい翻訳を行うとともに、『古事記講義』で当時の世界像を上手に解説している。憲法改正について議論する大前提として、本書を読んでわが肇国（建国）神話をおさえておくことが重要である。

172 **『新装版　源氏物語（1〜7）』**　今泉忠義　講談社学術文庫

源氏物語の現代語訳はいくつもあるが、原文の意味をできるだけ正確に理解するという観点からは、この今泉訳がお勧めだ。源氏物語の時代の世界像では、夢が大きな役割を果たしていたことがよくわかる。夢で見ることと実際に会うことはまったく同じなのである。それだから、誰もが悪夢を恐れたのだ。

173 **『今昔物語集（1〜9）』**　国東文麿訳　講談社学術文庫

鬼、怨霊、天狗など、目に見えないものの力を見事に描いている。また、仏教的な因果応報観が平安時代の日本人に染みついていたこともよくわかる。近代小説という文芸形態が衰退している状況を突破するためにも、近代より前の物語に着目したい。

174 **『御伽草子（上・下）』** 市古貞次校注　岩波文庫

室町時代の庶民の読本。当時の日本人が活字文化にいかによく馴染んでいたかがわかる。「浦島太郎」、「一寸法師」など、現在も親しまれている物語が収録されている。有名ではないが、鼠と猫の論争から因果応報を説く「猫の草子」はエコロジー思想を先取りしている。

175 **『雨月物語（上・下）』** 上田秋成　青木正次訳　講談社学術文庫

江戸時代の怪談集。特に「吉備津の釜」が恐ろしい。夫の浮気によって裏切られた妻の怨霊の恐ろしさに鳥肌が立つ。物忌みの最終日に、怨霊が念力で夜を昼に変える情景の描写が見事だ。人知を超える神々の力と冷徹な因果応報が交錯した見事な物語である。

176 **『四谷怪談　悪意と笑い』** 廣末保　岩波新書

「お岩さん」の物語で知られる四谷怪談を忠臣蔵のパロディとして読み解く。幕藩体制の崩れと人間精神の混乱が見事に描かれている。現下日本のワイドショーで悪意と笑いに満ちた猥雑な世界が生じているのも、過渡期特有の現象かもしれない。

177 **『倫敦塔・幻影の盾』** 夏目漱石　新潮文庫

漱石は小説家、しかも『坊っちゃん』、『わが輩は猫である』といったユーモア小説、あるいは『三四郎』、『それから』、『門』のような成長小説の印象が強いが、かなり難解な論理と文体で文明批評を行うという顔があることが本書からわかる。イギリスの知識人と同等にイギリスを理解しようとする漱石の背伸びがうかがわれる。こういう思想的構えをしていたので、漱石は留学中に神経衰弱になったのであろう。

178 **『ドストエフスキー　謎とちから』**　亀山郁夫　文春新書

亀山郁夫氏はドストエフスキーを文字通り人生の指針としている。中心的モティーフは「父親殺し」だ。ただし、フロイト的なエディプス・コンプレクスによる読み解きだけではなく、ロシア正教から派生した「去勢派」との関係において読み解く。去勢派による独自のエネルギーの創造という着想が面白い。

●マルクスと資本主義

179 **『経済学・哲学草稿』**　マルクス　城塚登・田中吉六訳　岩波文庫

労働は本来、人間の自己実現の手段であり、喜びの源泉だった。しかし、私有財産制度によって労働者の生産物が資本家のものになってしまう。そのため、労働が苦痛になり、また労働によって結びついていた人間の連帯が引き裂かれてしまった。このような状態をマルクスは疎外と呼んだ。疎外を克服して人間を本来の姿に戻そうとする初期マルクスの思想が示されている。

180 **『賃銀・価格および利潤』** カール・マルクス　長谷部文雄訳　岩波文庫

『資本論』のエッセンスがこの本に詰まっている。特にマルクスが労働力の商品化という概念を明確にした後の作品なので、『資本論』に取り組む時間と意欲をもたない人は、この本を読めばマルクス経済学の基礎がわかる。『資本論』の入門書としてもお勧め。

181 **『ドイツ・イデオロギー　新編輯版』** マルクス、エンゲルス　廣松渉編訳　岩波文庫

故廣松渉東京大学教授の編纂による『ドイツ・イデオロギー』。ロシア・マルクス主義（スターリン主義）の生産力主義とは異なる視座でマルクスの思想を読み解く。廣松氏の物象化論は、ドイツ・イデオロギーの独自解釈から生まれている。

182 **『世界の共同主観的存在構造』** 廣松渉　講談社学術文庫

マルクスを巧みに解釈しつつ、実体主義的世界観から関係主義的世界観への転換を読者に迫る。仏教的縁起観を現代によみがえらせようという試みと見てもよいだろう。いずれにせよマルクス主義を日本に土着化させようとすることが、本書の隠されたメッセージである。評者は故廣松渉氏を仏教的マルクス主義者と見ている。

183 **『「資本論」を読む』** 伊藤誠　講談社学術文庫

宇野弘蔵の研究を踏襲した『資本論』の論理整合性を重視した読み解き。マルクスや宇野では不十分だった株式会社に関する分析にも踏み込んでいる。他方、伊藤氏の社会主義像はエンゲルス、レーニンを踏襲した国家社会主義の域を出ていない。宇野がもっていた根源的アナーキズムが伊藤氏には継承されていない。

184 **『フォイエルバッハ論 新訳』** フリードリヒ・エンゲルス　藤川覚・秋間実訳　国民文庫

本書を虚心坦懐に読むと、マルクス主義という思想は、フォイエルバッハの人間主義をほんの少しだけ転換したことがよくわかる。問題はレーニン、スターリンらのロシア共産主義において、本来的人間を回復していくという疎外論が失われ、生産力主義に陥ってしまったことだ。エンゲルスの思想には、ロシア共産主義につながるような生産力主義があるが、本書ではそれと異なる人間主義的なエンゲルスの思想に触れることができる。

185 **『愛と資本主義』** 中村うさぎ　角川文庫

中村うさぎ氏が、ブランド品の買い漁りで散財した後、ホストクラブ通いにはまったときの様子を文化人類学の参与観察のような手法で描き出す。すべてが貨幣に変換される新自由主義的資本主義の恐ろしさがわかる。マルクスの『資本論』第一巻（岩波文庫の第一〜三分冊）とあわせて読むと、中村氏が『資本論』の論理を実証していることがよくわかる。

186 **『日本資本主義発達史（上・下）』** 野呂栄太郎　岩波文庫

地下共産党委員長をつとめた野呂栄太郎が日本共産党に入党する以前に書いた著作。野呂は慶應大学で小泉信三から経済学を学び、共産党と一線を画した労農派マルクス主義者の猪俣津南雄の指導下で経済史を研究した優れた学者である。本書でもイデオロギーが過剰でなくバランスのとれた記述がなされている。

187 **『近代経済学の解明（上・下）』** 杉本栄一　岩波文庫

近代経済学という言葉は日本独自のもので、杉本栄一の発明と言われる。ただし、杉本は、近代経済学対マルクス経済学という対立図式を考えていなかった。マルクス経済学を含んだ経済学の諸学派が切磋琢磨するなかで、近代経済学が成立すると考えたのである。経済学に関心をもつすべての人にお勧めする。

●ビジネスパーソン仕事術

188 **『入門！　論理学』** 野矢茂樹　中公新書

論理学は、哲学、数学との学際領域も広く、全体像をなかなか把握できない。新書という制約条件の下で野矢茂樹氏は、アリストテレスの時代から現代まで、論理学を通底する問題をわかりやすく提示している。本書を読んだ後、野矢茂樹『論理学』（東京大学出版会）に是非進んでほしい。

189 **『断る力』**　勝間和代　文春新書

本文でも言及したが、勝間和代氏は、「資本家になれ」「金持ちになれ」という自己啓発をしているのではない。「断る力」を身につけることによって、代替不能な熟練労働者になる能力を向上させよと説いている。時間を伸縮させる技法の本として読むこともできる。優れた実用書である。

190 **『だめだこりゃ』**　いかりや長介　新潮文庫

「ドリフターズ」のチームリーダーであった故いかりや長介氏の回想録。ビートルズ東京公演の前座をつとめたジャズバンドが偶然の積み重ねによって、お笑い芸人集団に転化していく過程を淡々と描いている。チームが長続きするための秘訣は、仕事以外でのプライバシーに踏み込むような関係を極力避けるという教訓が興味深い。

191 **『読書について 他二篇』**　ショウペンハウエル　斎藤忍随訳　岩波文庫

ショウペンハウエルは、たいへんな読書家である。それ故に、読書は他人の頭で物事を考えることとなので、バカになる危険性があると警告する。読書は教養を身につけるために必要なのである。そして、教養はいくら情報や知識を得ても、自分の頭で考える気構えがないと身につかないことがよくわかる。

192 **『「相対性理論」を楽しむ本　よくわかるアインシュタインの不思議な世界』**　佐藤勝彦　PHP文庫

アインシュタインの相対性理論を中学生レベルの数学の知識があれば理解できるようにていねいに説明している。相対性理論は、歴史や社会を認識する上でもとても役に立つ。理科系に苦手意識をもつビジネスパーソンにお勧めする。

193 **『ビジネス数学入門』**　芳沢光雄　日経文庫

数学に苦手意識をもつ官僚やビジネスパーソンは、実のところかなり多い。学校秀才型の人々は、高校、場合によっては中学レベルの数学の知識に欠損があることをなかなか認めようとしない。本書では高校二年生レベルの数学の基礎知識があれば、ビジネスで用いられる経済数学が理解できるようになるわかりやすい記述がなされている。

194 **『無限と連続』**　遠山啓　岩波新書

数学でもっとも哲学的な部分は、無限と連続に関する考え方である。しかし、連続と切断、実無限と可能無限などに関する専門書をひもといてもなかなか理解できない。本書はこの難問を高校三年生に理解できるレベルまで引き下ろしてわかりやすく描いている。

195 **『交渉力入門』**　佐久間賢　日経文庫

企画立案、事前準備、プレゼンテーションを通じて、実力を十二分に発揮できる技法をていねいに伝授する。数ある交渉術関連本中で古典的地位を占める基本書。評者も本書から学んだ技法を現実の外交交渉で生かした。

196 **『外国語上達法』**　千野栄一　岩波新書

外国語学習法に関する傑作中の傑作。語学を習得するために覚えなくてはならないことはたった二つしかない。それは、文法と語彙であるという単純な原則について、説得力がある説明をしている。千野氏はチェコ語の専門家であり、チェコ的知性を知るための参考書としてもお勧め。

197 **『世界の言語入門』**　黒田龍之助　講談社現代新書

黒田龍之助氏はロシア語、ベラルーシ語、ウクライナ語に通暁した優れた言語学者である。比較言語学は、母国語とともに基礎となる外国語を習得していることが前提だが、その前提が満たされていない事例が多い。黒田氏の場合、この前提が完全に満たされている。このことが本書の説得力を担保している。

198 **『たのしい・わるくち』**　酒井順子　文春文庫

人間は本質的に自己中心的な動物なのである。それだから、悪口が好きだ。悪口という形での自己確認をする性向があることを本書は見事に示している。また、激怒することがない性格の酒井順子氏が、悪口を言う人々を、自分を含め、突き放して観察しているところも面白い。

199 **『打ちのめされるようなすごい本』** 米原万里 文春文庫

故米原万里氏による優れた書評集。米原氏は本を「十九世紀神学の父」と呼ばれるシュライエルマッハーのように「直観と感情」で読んでいる。そして、それぞれの本が描き出す宇宙を米原氏の言葉で再解釈している。本書を読めば、活字から生命を取り出す秘儀が身につく。

200 **『ペットと日本人』** 宇都宮直子 文春新書

評者は、犬、猫、文鳥、セキセイインコ、亀、金魚などの小動物が大好きだ。犬を除いては、すべて実際に飼ったことがある。ペットロス、保健所で殺処分される犬猫の問題を正面から扱った本書を、ペットを現在飼っている人はもとより、これから飼おうと考えている人にもお勧めする。

立花隆選・文庫&新書百冊

●あの戦争

101 **『大日本帝国の興亡(①〜⑤)』**　ジョン・トーランド　ハヤカワ文庫NF

あの戦争の流れを知るために最適の本を一冊だけ選べというなら、アメリカ人が書いた本だが、この本を選ぶだろう。

日本人の書いたもので、これ以上の取材と資料集めをした上で、あの戦争をこれほど大きなスケールで書いた本は残念ながらない。全体像の見通しのよさと細部のリアリティあふれる描写の双方がバランスよくかねそなえられている。

原著の発行は一九七一年。アメリカでも大評判を取り、ピューリッツァ賞を受賞している。

ジョン・トーランドはアメリカの作家だが、これを書くために、日米双方で大変な取材を積み重ねたことが、頭のほうの謝辞を読むだけでわかる。日本人でいえば、木戸幸一内大臣、三笠宮、児玉誉士夫、吉田茂、荒木貞夫、迫水《さこみず》久常、草鹿龍之介、佐藤賢了といった歴史の生き証人たちがまだ生きており、それに片端からインタビューすることに成功した。たとえば、太平洋戦争の大局をわけたミッドウェー海戦。わずか数分のうちに、アメリカ機五十四機が三隻の日本の空母に致命的な損害を与えた。旗艦赤城が沈没を目前にして、南雲忠一第一航空艦隊司令長官と草鹿参謀長が命からがら脱出する場面。「『司令は全機動艦隊の指揮官です。一艦の艦長ではありません』草鹿は激しい言葉で、南雲をなじり始めた。ついに、南雲中将も、うなずいた。だが時すでに遅すぎるようにみえた。／『窓を破れ』草鹿は副官をどなった。窓ガラスが粉々になった。甲板までは十四メートル。縄が二本降ろされた。草鹿はまず南雲を押し出した。小柄な提督は機敏にすべり降りた。巨漢の草鹿が続いたが、要領が悪く、縄を伝わるとき手のひらが焼けるようだった。甲板にどさりと落ちて気が遠くなった。左の靴がなくなった」——草鹿へのインタビューなしにここまでは書けない。

戦争のように二つの国がかかわる事件の場合、同じ事件が他方の国から見るとどのように見えるかを知らないと、本当にわかったことにならない。これがアメリカ人が書いた太平洋戦争史をすすめる理由である。第一巻の冒頭、二・二六事件から書きはじめられているが、まず二・二六事件が起きたころの日本をとりまく世界情勢から日本の国内情勢がサラリと要領よく書かれているところを読んだだけで、自分たちがよく知っているつもりの日本の近現代史がアメリカ人の眼から見ると、このように見えるのかと新鮮な驚きをもって受けとめられるだろう。

102 **『終戦日記』** 大佛次郎　文春文庫

終戦日記もいろいろあるが、これはその詳細な記述において群を抜いている。デマやウワサまで全部書きとめ、物の値段、食べた物、読んだ本、会った人、交した会話など、何でも書いてあるので実に面白い。

「(昭和二十年六月) 食糧事情は敵の鉄道破壊を待つことなく急激に悪くなっている。数日前の鎌倉の配給米も豆かすが三分の二となった。交通破壊が始ったらどう表面化するか、国民は例に依って羊の如くおとなしい。敵は虫類《インセクト》と称しているそうである。露西亜との関係がまた悪く、関東軍が国境に向って動いている。沖縄の最高指揮官と長参謀長は最後の突撃を命令し、腹を作法どおり見事に十文字に切ったとラジオ(二十九日)放送する。(略)
○伯林《ベルリン》から帰った記者たちに、独逸の末期の姿を話したり書かしたりせぬよう取締られている。既に満洲へ来ているのだが何も発表のないのはそのせいで、国民に日本の状態を連想させるのがいけないという警戒の故だそうである。
○極端に云えば刻々死に直面している現状を人が意外に苦にせぬものだ。なるようになれと思っているせいもあるが感覚で漸次調節され慣らされて来るのである。(略)」

「七月四日
（略）配給日にあたるが配給所に米がないそうである。（略）」
「七月十九日
（略）一昨夜の水戸日立の艦砲射撃は長野にも響いたそうであるが、このあたりでも判ったそうである。（略）本土までこう簡単に艦砲射撃を受けるとは軍艦はなくなっている事実を国民に明瞭に感じさせた。（略）」
「八月七日
○朝刊に沖縄に敵艦隊に殴り込み巨艦先頭に体当りしたという司令官伊藤中将大将に昇進せる旨発表あり、巨艦は大和のことか？
（略）夜になると岸克已が入って来ていよいよということに成ったという。何かと思うと広島に敵僅か二機が入って来て投下した爆弾が原子爆弾らしく二発で二十万の死傷を出した。死者は十二万というが呉からの電話のことで詳細は不明である。大塚雅精も死んだらしいという。トルウマンがそれについてラジオで成功を発表した。（略）これは由々しいことで、戦争が世界からなくなるかも知れぬような劃期的の事件である。また自分の命など全く保証し難い。横須賀の襲撃に用いられれば恐らくそれが最後なのである。こう成っては本の疎開も糞もない。空想的な科学小説が現実のものとなり木っ端の如くこの命を破るわけであった。（略）」

「八月十五日
晴。朝、正午に陛下自ら放送せられると予告。同盟二回書き上京する夏目君に託す。予告せられたる十二時のニュウス、君ヶ代の吹奏あり主上親《みずか》らの大詔放送、次いでポツダムの提議、カイロ会談の諸条件を公表す。台湾も満洲も朝鮮も奪われ、暫くなりとも敵軍の本土の支配を許すなり。覚悟しおりしことなるもそこまでの感切なるものあり。世間は全くの不意打のことなりしが如し。人に依りては全く反対のよき放送を期待しありしと夕方豆腐屋篠崎来たりて語る。午後感想を三社聯盟の為書く。岡山東取りに来たる。昂奮はしておらぬつもりだが意想まとまらず筆を擱《お》くやへとへとなり。（略）」
この大佛がヘトヘトになって書いたのが次の一文だ。
「御大詔を拝し奉り日本人の誰か涙をおぼえなかった者があろうか、言葉はない、もっと深い苦悩を背負わされている方が畏《かしこ》くも上御一人だという事実に恐懼《きょうく》し戦慄せざるものがあったろうか、（略）
起《た》とう、やり直すのだ、父祖の百年の努力を破壊したおのれらがより堅固な日本を築きあげて、今上陛下の御代《みよ》を後代に輝くものとせねばならぬ、戦争以上の勇気と犠牲とが需《もと》められている、男らしくわれわれは立直ろう、今日からはおのれ自身との戦争おのれ自身との対決である、何が足りなかったか？　何が間違っていたか？　冷静にこれを見届けるのだ。（略）」（三

社聯盟・現三者連合──北海道新聞、中日新聞、西日本新聞の三紙──昭和二十年八月十七日）

103 **『南京事件　増補版』**　秦郁彦　中公新書

104 **『731　石井四郎と細菌戦部隊の闇を暴く』**　青木冨貴子　新潮文庫

あの戦争をちゃんと見すえようと思うなら、歴史の恥部も見すえるべき。南京事件と七三一部隊は、あの戦争の二大恥部ともいえるだろうが、いつまでたってもいろいろ議論が絶えない。秦郁彦『南京事件　増補版』は、もともと南京事件を知るに最良の本といわれた旧版に、南京事件をめぐる論争史の部分をたっぷり加えたもの。この事件についての決定版といってよい。

七三一部隊に関しては、青木冨貴子『731　石井四郎と細菌戦部隊の闇を暴く』が、詳細な取材にもとづいて、満州時代のみならず、戦後のGHQとのかかわり、アメリカとの関係、朝鮮戦争とのかかわりなどの歴史の暗部にまで言及して、これまた決定版といってよい。

105 **『責任　ラバウルの将軍今村均』**　角田房子　ちくま文庫

あの戦争をリードした日本の将軍たちは、ほとんどがどうしようもない将軍だったが（能力において、人格において）、南方の航空基地ラバウルを終戦まで守りつづけた今村均だけは、当時も今も、国の内外から尊敬を受けつづけている。

今村はなぜ尊敬を受けつづけるのか。中央の戦争指導部から見放され、孤立無援になりながら、今村はラバウルで完全防備と完全自給自活体制を作りあげ、八月十五日まで戦いつづけた。戦後、戦犯裁判がはじまると、オランダの軍事裁判所とオーストラリアの軍事裁判所ですすんで裁きを受け、部下をあくまで守ろうとした（オランダでは無罪。オーストラリアで禁錮十年）。日本に復員後、巣鴨プリズンで刑期をつとめている間、ＧＨＱに部下たちが収容されているオーストラリア領マヌス島の監獄で服役したいと申し出、マッカーサーに、「日本にきてはじめて日本の武士道にふれた思いがした」といわしめた。

その後マヌス島の監獄で刑期を満了して帰国してからも、東京世田谷の自宅の庭先に、わずか三畳の監獄部屋のような小屋を建てて、そこに自己を幽閉したままの生活を送った。

106 **『戦艦大和——生還者たちの証言から』** 栗原俊雄　岩波新書

吉田満『戦艦大和ノ最期』（講談社文芸文庫）とあわせ読むと、戦艦大和がよくわかる。

107 **『「きけわだつみのこえ」の戦後史』** 保阪正康　文春文庫

『きけわだつみのこえ』を読んで感動した人こそ読むべし。

108 **『私の見た東京裁判（上・下）』** 冨士信夫　講談社学術文庫

筆者は、第二復員省（海軍担当）の戦争裁判担当者として全法廷を傍聴して記録を残し毎回上司に報告した。セミオフィシャルな法廷記録といってよい。

109 **『石油技術者たちの太平洋戦争―戦争は石油に始まり石油に終わった』** 石井正紀　光人社NF文庫

110 **『陸軍燃料廠―太平洋戦争を支えた石油技術者たちの戦い』** 石井正紀　光人社NF文庫

あの戦争が石油に始まり、石油に終ったことがこの二冊を読むとよくわかる。

111 **『ラジオの戦争責任』** 坂本慎一　PHP新書

TVがないあの時代ラジオが国民に対する最大の情報メディアであり、国家的宣伝媒体だった。

112 **『激闘マリアナ沖海戦―日米戦争・最後の大海空戦』** 江戸雄介　光人社NF文庫

113 **『「信濃！」―日本秘密空母の沈没』** J・F・エンライト、J・W・ライアン　高城肇訳　光人社NF文庫

114 **『検証・昭和史の焦点』** 保阪正康　文春文庫

115 **『東京裁判　日本の弁明―「却下未提出弁護側資料」抜粋』** 小堀桂一郎編　講談社学術文庫

戦争に関しては、少なくともこんなものを読んでおくべきだろう。

●近代日本

116 **『明治十年丁丑公論・瘠我慢の説』** 福沢諭吉　講談社学術文庫

西南戦争で中央政府に叛旗をひるがえした西郷隆盛は、当時、「古今無類の逆臣」とののしられた。中央政府に弓を引くことは、朝廷に弓を引くことにほかならなかったから、当時、西郷の軍は「賊軍」と呼ばれていた。西郷を弁護する者など中央言論界に全くいなかった（反乱軍を擁護する論を公にすることは出版条例で禁止されていた）。そのような状況下で正面切って西郷を擁護したのが、「丁丑公論」。といっても、これを福沢は書いてすぐに公《おおやけ》にしたわけではない。福沢がこれを書いたのは、西南戦争が鎮定されてすぐだったが、ずっと机中に納めたままにしておき、それから二十余年も経て、福沢が亡くなる直前に公開された。

人間は誰でも自分の思い通りのことをしたいと思う。それが専制を生む。専制は、人類の性なのだから、個人も政府も専制的になりやすい。政府が専制的だからといって、それをとがめることはできない。しかし、だからといって政府が際限なく専制的になってよいというものではない。どこかでこれを止め、無制限の専制政府になることは防がなければならない。だがそれを防ぐといっても、人民の側にできることは、それに抵抗するの一法のみである。専制政府があるときは、それに対して抵抗する精神が必要であることは、火に対して水が必要である如く当然の理である。しかるに最近の日本の状況を見るに、抵抗精神は衰退する一方である。世の中の人みな政府のいうことなすことにこびへつらうのみで、無気力になりつつある。このような状況下にあって、憂国の士は専制的になるばかりの政府に抵抗せざるをえない。「抵抗の法一様ならず、或は文を以てし、或は武を以てし、また金を以てする者あり、今、西郷氏は政府に抗するに武力を用いたる者にて」、自分の考えとは少しくちがうが、その抵抗の精神においては自分の考えと少しもちがうところがない。自分は西郷と一面識もなく、いささかの交りもないが、いまの世の中の人がいっせいに西郷を口をきわめて非難する一方の風潮になっていることに危機感を感じる。このままいくと西郷の抵抗の精神など世に全く伝えられないことになろう。そうなったら、日本国民から抵抗の精神が全く失われてしまうことになるだろう。それは日本の国にとってよくない。日本の国に抵抗の精神を保存するために、ここに、なぜ西郷が挙兵するにいたったか、その真相を記しておこう。こういう目的をもってこの「丁丑公論」

を書いたが、いまは出版条例もあって、これを直ちに公にすることができないので、これを家中におさめたまま発表できるようになる日を待つことにする。

こういう緒言を付したまま、実際、誰にも見せずに置いておいたものである。二十余年後に弟子の一人がこれを発見して、そろそろこれを発表してもよいのでは、と時事新報紙上に発表させたといういわくつきのものである。

その内容は、西郷の行動を無条件に肯定讃美するものではなく、明治新政府がどんどん専制的政府になるに従って、西郷が身の置き所を失い、ついに暴発せざるをえなくなる心情を描き、「故にいわく、西郷の死は憐むべし、これを死地に陥れたるものは政府なり」「政府は啻《ただ》に彼れを死地に陥れたるのみに非ず、また従てこれを殺したる者というべし」といい、「西郷は天下の人物なり」と結論づけたもの。たしかにこれでは西南戦争直後に発表することはできなかっただろうなと思わせる。政治的な議論において、何が正論とみとめられるかは、時と状況によるとしかいえない部分が多分にあるということである。特に過激な反政府行動の正当性については、相当な時間が経過しないと、その当否を論じることはできないということである。「丁丑公論」も公表されていたら相当物議をかもしたであろう一文だが、「瘠我慢の説」も公表されていたらそれに劣らず物議をかもしたであろう一文。

これは、勝海舟の歴史的英断としてたたえられている、明治維新の際の江戸城明け渡しの決断に対して、その判断は本当に正しかったのかと疑問を呈した一文である。これまた福沢は私的文章として書き、勝海舟本人に送付して、その返答までもらったものの、これまた長く公表せず、手元に保存していたものである。

　江戸城明け渡しのどこが疑問かというと、戦っても幕府側に勝算全くなしとみて、一戦もまじえなかったことだ。国家は国家の栄誉を守るために、負け戦とわかっていても戦わなければならないときがある。そうしたほうが得とわかっていても、ヤセ我慢して、損になる道を選ぶべきときがある。それが武士道の伝統だったはずだ。徳川家がその後の大をなしたのも、徳川家康の時代に、大国の間にはさまれ、無理な要求を受けつづけても、ヤセ我慢をつづけて独立の気概を保ちつづけたからではなかったか。ところが、あの江戸城明け渡しの決断に際して、「この大切なる瘠我慢の一大義を害したることあり」という。すなわち「徳川家の末路に、家臣の一部分が早く大事の去るを悟り、敵に向かって曾て抵抗を試みず、ひたすら和を講じて自から家を解きたるは、日本の経済において一時の利益を成したりといえども、数百千年養い得たる我日本武士の気風を傷《そこ》なうたるの不利は決して少々ならず、得を以て損を償うに足らざるものというべし」というわけだ。

　これに対し、勝が寄せた返答に、「行蔵《こうぞう》は我に存す、毀誉は他人の主張、我に与《あず》からず我に関せずと存候《ぞんじそうろう》」とあるのも立派なら、福沢の冒頭の一文に「立国は私なり、公に非ざるなり」とあるのも考えさせられるところが大いにある。

117 **『日本の百年10　新しい開国―1952〜1960』** 鶴見俊輔編著　ちくま学芸文庫
118 **『日本の百年7　アジア解放の夢―1931〜1937』** 橋川文三編著　ちくま学芸文庫
ちくま学芸文庫の「日本の百年」シリーズではなかなか読ませる。

●現代史

119 **『ハル回顧録』** コーデル・ハル　宮地健次郎訳　中公文庫BIBLIO20世紀
日本でほとんどの人は、コーデル・ハルのことを、次のように認識して、それしか知らない。最後の日米交渉を、日本の野村大使との間で行ったアメリカ側の国務長官で、「ハル・ノート」と呼ばれる最後の通告文を日本に手交し、その非妥協的な内容から日本側にもはやこれまでと思わせ、日本側に戦争を最終的に決断させた人物。しかし、この回顧録を読むと、相当ちがう人物像がうかびあがってくる。

ハルは、十二年間にわたって、ルーズベルト大統領時代の国務長官をつとめた人物で、ルーズベルトとは最も親しい関係にあり、ルーズベルトは自分の引退後には、ハルを次期大統領候補とすることに決めていたくらい強い信頼関係にあった。

ハルは日本人の常識にあるよりずっと大きな人物だった。本書の前半三分の二は、日本とは無縁のもっぱら欧州情勢がらみの話。欧州では、ヒットラーが急速に台頭し、軍備を拡張し、周辺諸国への領土的要求を強めていた。各国は当初ヒットラーに対して、融和政策をとるが、ヒットラーの要求はふくれあがるばかりで、ついにポーランド侵攻がはじまるに及んで、一九三九年欧州大戦がはじまる。戦争準備をととのえていたドイツは、機動部隊中心の電撃作戦によって、オランダ、ベルギー、フランスと周辺諸国をアッという間に征服していく。

「フランスがはっきりとくずれつつあるのに対応して私は国務省の同僚と何回も会議を開き、欧州の軍事情勢が今後どう発展するかを、特にそれが米国および西半球におよぼす影響という観点から検討した。結局われわれは、連合軍の立場は絶望的であるという結論に達し、われわれの関心は、英仏の艦隊を保存してヒトラーの手に陥ることのないようにする必要がある、ということに集中した」

最悪の場合、イギリス本土がナチスに占領されることまで考えざるをえなくなり、そうなったら、イギリスの艦隊だけを脱出させ、しばらくカナダの港に身をよせさせることすら考えていたという。フランスも本土はナチスに占領させ、艦隊だけを北アフリカの港に逃れさせることが考えられていたという。こういう苦しい状況の中で、日米交渉がはじまるが、この交渉において、アメリカは余裕だった。日本側の暗号を解読していたので、次の交渉で日本側が何を提案してくるか、日本側の手の内がすべてわかっていたからだ。日本側がすでに戦争準備をととのえた上で交渉をはじめており、いつ交渉が打ち切りになって戦争がはじめられても不思議ではないという状況にあることもとっくにわかっていた。

「われわれが傍受していた東京からの通信は危険が迫っていることを明白に物語っていた。野村は日本人の米国引揚に関する訓令を受けていた。彼はまた新しい暗号を受取っていた。これは毎日短波で放送される日本語放送の天気予報をきけば、風の方向によってアメリカ、ソ連、イギリスのどこと外交関係を断絶するかがわかることになっていた。野村はこの通信をきいたら暗号や秘密書類を破棄するように命ぜられていた」

「野村と来栖が私の家にやってきた。この二人の外交官が私の家ににこにこ笑いながら、鄭重な態度で表面親しそうにしてやって来るのを見るのは、何かうそのようだった。私のように電報の傍受によって日本の不法な計画を知り、野村、来栖も同じ情報を持っていることを知っていながら、彼らと同じ調子でものをいうのはつらいことであった」

手の内をすべて読まれていたから、もう日米交渉は交渉の体をなしていなかった。暗号を解読しているのだから、真珠湾攻撃の通告遅れも、先刻承知だった。真珠湾攻撃がはじまった後に最後通告を渡されたハルは、「外交史上、これほど恥ずべき文書は他にない」と怒り狂ったことになっているが、実はハルはすべてを知っていたのだ。ハルはこう記している。

「日本政府が午後一時に私に会うように訓令したのは、真珠湾攻撃の数分前に通告を私に手渡すつもりだったのだ。日本大使館は解読に手間どってまごまごしていた。だが野村はこの指定の時刻の重要性を知っていたのだから、たとえ通告の最初の数行しか出来上っていないにしても、あとは出来次第持ってくるように大使館員にまかせて、正一時に私に会いに来るべきだった」

ハルにここまでいわれて恥ずかしくないのか。

120 『文化大革命十年史（上・中・下）』 厳家祺・高皐 辻康吾訳 岩波現代文庫

あの戦争の否定の上に今日の日本が築かれたように、あの文化大革命の否定の上に、今日の中国がある。

あらためて、『文化大革命十年史』を読んでみると、そのすさまじさにびっくりする。どの時代をとっても、中国の歴史は権力闘争の歴史だが、文革の十年間ほど、権力中枢部で陰謀に次ぐ陰謀がたくらまれ、権力者同士の激しいつぶし合いが行われたことはない。しかも、それが全国で、大衆組織の大動員という形をとり、地方の権力組織（行政組織と人民解放軍）、あるいは大衆組織の各級の権力末端までまきこんでの広範なイデオロギー闘争、大衆による権力転覆実力闘争という形をとったため、中国社会全体が麻痺状態に追いこまれていったのである。その中で、党主席（毛沢東）が国家主席（劉少奇）と党総書記（鄧小平）を「修正主義」「資本主義の道を歩む実権派」呼ばわりをして、毛沢東のカリスマ性（盲目的崇拝）を利用しての大衆に対する直接呼びかけで、広範な大衆（紅衛兵）による糾弾闘争を全国的に展開して、権力の座から追い落してしまうという劇的なことが行われた。

劉少奇、鄧小平に代って、実権を握ったのは、林彪だったが、その林彪が、毛沢東の党支配をくつがえそうとして毛沢東の謀殺と武装クーデターをくわだてるという驚くようなことが起きるが、林彪はそれに失敗して飛行機でソ連に向け逃走するうち、モンゴルの草原に墜落して死亡してしまう。そのあとは江青をはじめとする四人組の権力掌握とその失脚、そして鄧小平の復活とドラマに次ぐドラマが展開する。

中国でいまなおつづく党中央での権力争いのドラマを理解するためには、文革の理解が欠かせない。

121 **『ヴァイツゼッカー』**　加藤常昭　清水書院

ヴァイツゼッカーは、統一ドイツの初代大統領。しかし、ヴァイツゼッカーの名を高らしめているのは、ドイツが統一する以前、一九八五年五月八日、ドイツの敗戦から四十年後の記念日になされた有名な演説、「荒野の四十年」である。この演説によって、ドイツ人は、はじめてあの戦争のトラウマから脱け出すことができた。ヒットラーの亡霊から脱け出すことができた。荒野の四十年とは何か。かつて、エジプトにとらわれていたユダヤ民族がモーセに導かれて、エジプトを脱出し、イスラエル（パレスチナ）の地に落ち着くまで、四十年間も荒野をさまよわなければならなかった。

その荒野の四十年のさまよいによって、ユダヤ民族は、民族の古い記憶を流しに流すことができた。古い記憶を残す世代が死んで代替わりすることができたからである。ナチスドイツがなしたことは、現代ドイツ人にあまりに大きな遺産を残してしまった。負いきれない罪責の重みを残してしまった。

この演説の中で、ヴァイツゼッカーは、こう呼びかけた。

「この過去を清算することが大切なのではありません。それは、われわれには全く不可能であります。過去を、あとから変更したり、なかったことにすることはできないのです。しかし、過去に対して目を閉じる者は、現在を見る目をも持たないのであります。かつての非人間的な事柄を思い起こしたくないとする者は、新しく起こる非人間的なるものの伝染力に負けてしまうものなのであります」

ナチスドイツが残したあまりにも大きな負の遺産は、ドイツ人に背負いきれない重荷を残した。多くのドイツ人が、自分たちに直接の責任はない、あれは一部のドイツ人がやったことだ、自分たちは何も知らなかった、ということを口実に、責任を回避しようとした。

しかし、それは真実ではない。どこかで我々もヒットラーが主導するユダヤ人糾弾の嵐の中に次第にまきこまれていた。何も知らなかったというのはウソだ。どこかでとてつもなく恐ろしいことが起りつつあるということを我々はみんな知っていた。

「耳と目を開いていた者、世の出来事に聞き耳をたてていた者に、ユダヤ人移送列車の轟音が聞こえなかったはずはありません。このユダヤ人絶滅のやり方と規模のひどさは、人間の想像を絶するものであったでしょう。しかし、本当のところ、多くの人びとが、そこで起こっていたことを知らないですまそうとしたこと自体が、この犯罪に加担したことであったのであります。それは、私の世代、まだ若くて、このような事件を企て、実行するのにあずかることがなかった世代においても同じことであります」

ヴァイツゼッカー自身は、二十歳で徴兵を受け、一九四五年の敗戦まで従軍した。プロイセン軍のなかでも伝統を誇るポツダム第九連隊に所属して、一九三九年、ポーランドに侵攻して第二次大戦をはじめることになったドイツ軍の最初のメンバーの一人だった。そして、同じ連隊に属していた三歳上の兄を、たった数百メートル離れた地点で失っている。その後ヴァイツゼッカーは、西部戦線でも、東部戦線でも戦い、東部戦線ではレニングラード攻略の第一線に立たされ、兵士の九〇パーセントが戦死するというすさまじい戦いも経験している。

ヴァイツゼッカー自身は、まさしく若すぎたために、ヒットラーの行った恐ろしい行為を知りようもない立場に置かれた兵士だった。そのような者も、あるいはそれよりもっと若くて、起きたことも知りようもなかった世代が、ドイツ人であるが故に責任を負わされている。

ヴァイツゼッカーの演説はつづく。

「今日われわれの国に住む圧倒的に大多数の者は、あの当時、まだ子供であったか、あるいはまだ生まれてもいなかったのであります。そのような者は、自分が犯してもいない犯罪についての自分の罪責を認めることはできません。

豊かな感覚を持つ人びとにとっては、これらの人びとに、ただドイツ人であるという理由で、悔い改めのしるしの粗衣を身に着けることを期待することは不可能です。しかし、父たちは、この人びとに、まことに困難な遺産を残してしまったのであります。

罪責があろうがなかろうが、年を取っていようが若かろうが、われわれはすべてこの過去を引き受けなければなりません。この過去のもたらした結末が、われわれすべての者を打ち、われわれは、この過去にかかずらわないわけにはいかなくなっているのであります」

なぜそうなのかというところで、先の引用部分、我々には過去を変えることもできなければ、過去をなかったことにすることもできない、というところにつづいている。そしてさらに、ドイツ人が過去を忘れようとしても、それを決して忘れることができない人々がいるとして、演説はこうつづいている。

「ユダヤの人びとは忘れることはないし、何度でも思い起こすことでありましょう。われわれは、人間として和解を試みないわけにはいかないのであります。

まさにそれ故に、われわれは理解しなければなりません。思い起こすことなくして和解は起こりえないということを。何百万の人の死の経験は、この世に生きるあらゆるユダヤ人の内的存在の一部になっております」

このヴァイツゼッカーの演説を読むと、日本人とあの戦争の記憶とのかかわりをつくづく考えさせられる。いまや、日本人の大半が戦後生まれになり、あの戦争がもたらしたものに責任をほとんど感じない世代になっている。そして、中国、韓国などから日本の過去を糾弾する動きがもちあがるたびに、「またかよ、もういいかげんにしてくれ」という思いを持つものが圧倒的多数になりつつある。

その世代こそ、このヴァイツゼッカー演説を読み直すべきだろう。中国にも、韓国にも、あの戦争を決して忘れることができない人々が沢山いるのである。その人々との和解は、過去を忘れることからは決して生まれないのである。そして、あの戦争で死んだ、中国、韓国の人々の数は、ゆうに一千万人をこえ、ホロコーストで死んだユダヤ人の数よりはるかに多いのである。

122 **『昭和天皇独白録』** 寺崎英成、マリコ・テラサキ・ミラー 文春文庫

現代史の必読資料だが、これを読むだけでわかったつもりになってはいけない。本書とあわせて、『徹底検証 昭和天皇「独白録」』（大月書店）を読むと歴史に対する眼が開けてくる。

123 **『マッカーサー―フィリピン統治から日本占領へ』** 増田弘 中公新書

現代日本人はすべからく占領時代の日本とその統治者を知るべし。

124 **『13日間―キューバ危機回顧録』** ロバート・ケネディ 毎日新聞社外信部訳 中公文庫BIBLIO20世紀

映画にもなった危機の十三日間。アメリカの政治中枢の動きがリアルにわかる。

125 **『コルベ』** 川下勝 清水書院

アウシュヴィッツで他人の身代わりになって死んだ神父。

126 **『レーニン』** レフ・トロツキー 森田成也訳 光文社古典新訳文庫

政敵トロツキーから見たレーニン像。

127 **『ぼくたちは水爆実験に使われた』** マイケル・ハリス　三宅真理訳　文春文庫

●憲法

128 **『憲法「押しつけ」論の幻』** 小西豊治　講談社現代新書

憲法ということになると「押しつけ」論（あれは占領軍によって押しつけられたものだ）を取る人が少なくないが、それが事実ではないことを立証した。昭和憲法の原案は日本人が作ったのである。

●アメリカ

129 **『ウィルソン　新世界秩序をかかげて』** 志邨晃佑　清水新書

130 **『アメリカ大統領の権力―変質するリーダーシップ』** 砂田一郎　中公新書

131 **『好戦の共和国アメリカ―戦争の記憶をたどる』** 油井大三郎　岩波新書

132 **『憲法で読むアメリカ史（上・下）』** 阿川尚之　PHP新書

133 **『オンリー・イエスタデイ──1920年代・アメリカ』** F・L・アレン　藤久ミネ訳　ちくま文庫

134 **『アメリカの軍事戦略』** 江畑謙介　講談社現代新書

135 **『ドキュメント アメリカの金権政治』** 軽部謙介　岩波新書

いまやアメリカは、あらゆる現代人にとって最も知っておくべき教養アイテムというべきだろう。まずは、このようなものを読んでおくべきだ。

●軍事

136 **『日本は原子爆弾をつくれるのか』** 山田克哉　PHP新書

つくれるかといえば、原子爆弾だけなら技術的にはそれほど難しくなくつくれる（北朝鮮だって、インドだって、パキスタンだってつくった）。しかし、運搬手段となると話は別だ。国民感情となるともっともっと話は別。だから、そう簡単にはつくれない。最近の核問題ですぐ話題になるウラン濃縮、プルトニウム濃縮の「原子炉級」と「兵器級」のちがいがよくわかる。

137 **『補給戦―何が勝敗を決定するのか』**　マーチン・ファン・クレフェルト　佐藤佐三郎訳　中公文庫ＢＩＢＬＩＯ

138 **『ブラックホーク・ダウン―アメリカ最強特殊部隊の戦闘記録（上・下）』**　マーク・ボウデン　伏見威蕃訳　ハヤカワ文庫ＮＦ

139 **『機関銃の社会史』**　ジョン・エリス　越智道雄訳　平凡社ライブラリー

140 **『失敗の本質―日本軍の組織論的研究』**　戸部良一ほか　中公文庫

軍事的な知識は、現代政治、現代社会を知るために必須。歴史を知るためにも必須。

●経済

141 **『グローバル恐慌―金融暴走時代の果てに』**　浜矩子　岩波新書

金融暴走はリアルタイムのできごとだったから、新聞雑誌のほうが情報量が多い。

142 **『世界財閥マップ―グローバル経済を動かすパワー総覧』**　久保巖　平凡社新書

グローバル経済を知るための基礎知識。

●戦後日本

143 **『新編　後藤田正晴―異色官僚政治家の軌跡』** 保阪正康　中公文庫

144 **『戦後保守党史』** 冨森叡児　岩波現代文庫

145 **『自民党戦国史（上・下）』** 伊藤昌哉　ちくま文庫

●全共闘

146 **『安田講堂　1968-1969』** 島泰三　中公新書

147 **『東大落城―安田講堂攻防七十二時間』** 佐々淳行　文春文庫

148 **『新左翼とロスジェネ』** 鈴木英生　集英社新書

●ユニークな視点で読み解く世界史

149 **『旧体制と大革命』** アレクシス・ド・トクヴィル　小山勉訳　ちくま学芸文庫

アレクシス・ド・トクヴィルはフランスの政治家、政治哲学者。『アメリカのデモクラシー』

（岩波文庫）の著者としてあまりにも有名。同書は、二百年近く前に書かれた本だというのに、いまだにデモクラシー論とアメリカ社会論の必読文献として、世界中で広く読みつがれている。ド・トクヴィルはフランスのノルマンディー地方の貴族だったが、フランス革命で没落。父も母も、処刑寸前までいったが、ロベスピエールがテルミドールの反動で失脚したおかげで命拾いをした。『旧体制と大革命』は彼のフランス革命論、フランス社会論で、トクヴィルの最後の作品。『アメリカのデモクラシー』と好一対をなす作品で、この二作によって、トクヴィルは近代社会の起源を解剖した最初の政治学者になったということができる。

「人はすべて平等に作られている」で有名なアメリカの独立革命は、フランス革命の思想的基盤をなしたフランス啓蒙思想が生んだ最初の政治革命で、アメリカの独立宣言は、フランス啓蒙思想の宣言文書といってもよい内容である。

アメリカの独立戦争を支援するためにフランスからかけつけたラファイエット侯爵がフランス革命の最初期の指導者となった事実が示すように、二つの革命は全く同根なのである。二つの革命が生んだ政治思想文書——アメリカ独立宣言とフランス人権宣言はともにフランス啓蒙思想の産物で、世界中の政治思想の起源はこの二つの文書の上にある。トクヴィルは二つの著作によって、この二つの革命の起源を探ろうとしたといってよい。

トクヴィル自身は、生まれたのが、ナポレオンが皇帝として即位した翌年であるからポスト大革命世代。王政復古から七月革命を経て、ブルジョワの支配が確立した時代の政治家で、一時は外務大臣までつとめたが、ルイ＝ナポレオンが政権を掌握し、ナポレオン三世として即位するとともに失脚して政界を引退した。

150 **『十二世紀ルネサンス』** 伊東俊太郎 講談社学術文庫

ルネサンスといえば、普通は十五世紀イタリアルネサンスをさすが、それより三百年も前に、ギリシア・ローマの古典古代文明が二つのルートから、文化的に閉ざされていた西欧中世文明圏に流れこんでくるという歴史的に大きな潮流変化があった。

五世紀に西ローマ帝国が滅びるとともに、古典古代の文化は、一つは東ローマ帝国で、もう一つはサラセン帝国のアラブ、ペルシア文明圏で保持されていた。それが十二世紀に、十字軍の遠征と、スペインのレコンキスタ運動の流れの中で、再び西欧世界に還流しはじめる。これが十二世紀ルネサンスで、それがあったればこそ、十五世紀のルネサンスも大きな文化的潮流になる。

151 **『アラブが見た十字軍』** アミン・マアルーフ 牟田口義郎・新川雅子訳 ちくま学芸文庫

我々が知っている十字軍の話はみんなヨーロッパから見た十字軍の話だったということがわ

かる。アラブから見るとすべての価値が逆転し、事実関係もちがってくる。同様に我々が知っている世界史は、基本的にヨーロッパの目で見た世界史にすぎないということを知るべきだ。

152 **『インカ帝国の滅亡』**　J・F・マルモンテル　湟野ゆり子訳　岩波文庫

序文に、「これまでに書かれた歴史の中で、ラス・カサスの書物に描き出された新世界の悲惨さほど、衝撃的で恐ろしいものはない」とあるのは、ラス・カサスの『インディアスの破壊についての簡潔な報告』を指している。これも岩波文庫にあるから、ぜひ読むべきだ。そう読めば、南米で起きてきたすべてのことの根源にこの問題があるということがわかる。

153 **『終わらぬ「民族浄化」　セルビア・モンテネグロ』**　木村元彦　集英社新書

日本人がいちばん関心を持たず、いちばん知らない世界で起きている、現代でいちばん恐ろしいできごとの数々。

154 **『ヴァンダル興亡史―地中海制覇の夢』**　松谷健二　中公文庫ＢＩＢＬＩＯ

155 **『東ゴート興亡史―東西ローマのはざまにて』**　松谷健二　中公文庫ＢＩＢＬＩＯ

●ファシズム

156 **『ドイツ第三帝国』** ヘルマン・グラーザー　関楠生訳　中公文庫

157 **『ムッソリーニ―ファシズム序説』** 木村裕主　清水書院

158 **『ワイマル共和国―ヒトラーを出現させたもの』** 林健太郎　中公新書

ファシズム、ナチズムに関する本は山ほどある。これはほんのとっかかりと考えたほうがよい。

●マルクス

159 **『マルクスと批判者群像』** 良知力　平凡社ライブラリー

160 **『ルイ・ボナパルトのブリュメール18日―初版』** カール・マルクス　植村邦彦訳　平凡社ライブラリー

●芸術

161 **『奇想の図譜』** 辻惟雄　ちくま学芸文庫

図版が山のように入っているから、パラパラめくってみることをすすめる。こんなに楽しめる本はない。読み終ったときに、自分は日本美術について何も知らなかったと思うだろう。

162 **『デュシャンは語る』** マルセル・デュシャン　岩佐鉄男・小林康夫訳　ちくま学芸文庫

デュシャンは、二十世紀のモダン・アートを代表する前衛芸術家。ただの便器を美術作品としてそのまま（何の手も加えずに）展覧会場に展示するなど、常識では考えられないことをやりつづけてきたデュシャンはそのような活動を通じていったい何を主張しようとしてきたのか。

●サイエンス

163 **『ラヴォアジエ』** 中川鶴太郎　清水書院

ラヴォアジエは、定量精密天秤を駆使して定量化学の実験法を確立し、質量保存則を証明し、元素概念を確立した。当時の燃焼理論は、フロギストン説（「燃焼とは、物質中の燃素が燃えて失われる現象」）によっていた。それが信じて疑われなかったのに、ラヴォアジエは、硫黄を燃すと、フロギストンを失って軽くなるのではなく、ある物質と結合して重くなることを精密実験によって証明し、燃焼後に残ったものから硫酸ができたところから、その結合したものは酸の素なのだから、酸素というべきだとするなど物質を化学組成から命名する化学命名法を確立した。

これら一連の化学の基礎原理を発見し、基礎実験手法を確立（メートル法も確立）したところから、彼は近代科学の父と呼ばれている。ラヴォアジエは科学者としては天才的であったが、彼が生きた時代がフランス革命の時代で、彼の身分が貴族だったため悲劇の人生を送った。生業が徴税請負人（強制権をもって各種の税金を取りたててまわり、税金の二〜三割を手数料として取る）であると同時に、王立火薬管理所監督官であったため、兵器廠の中に居住し、その中に大きな化学実験室を作り、そこですべての実験を行っていた。つまりラヴォアジエは王制と直結したアンシャンレジームの重要な一角の担い手そのもの（王立アカデミーの会員でもあった）であったために、革命がはじまると王党派として追及され、ギロチンで処刑されてしまった。一説には、革命の有名な指導者マラーが科学者で、彼の論文をアカデミーで科学的価値がないとけなして学者生命を奪ったために、マラーの恨みをかって処刑されたともいわれる。

164 **『なぜ人はニセ科学を信じるのか（Ⅰ、Ⅱ）』** マイクル・シャーマー　岡田靖史訳　ハヤカワ文庫ＮＦ

165『新・生物物理の最前線――生命のしくみはどこまで解けたか』日本生物物理学会編　講談社ブルーバックス

166『物理学と神』池内了　集英社新書

167『超ひも理論とはなにか』竹内薫　講談社ブルーバックス

168『宇宙創成はじめの３分間』S・ワインバーグ　小尾信彌訳　ちくま学芸文庫

169『量子力学の解釈問題――実験が示唆する「多世界」の実在』コリン・ブルース　和田純夫訳　講談社ブルーバックス

170『また、つかぬことをうかがいますが……――科学者も居留守を使う98の質問』ニュー・サイエンティスト編集部編　金子浩訳　ハヤカワ文庫NF

171『ゆかいな理科年表』スレンドラ・ヴァーマ　安原和見訳　ちくま学芸文庫

172『科学101の未解決問題――まだ誰も答えを知らない』ジェームス・トレフィル　美宅成樹訳　講談社ブルーバックス

173『理系バカと文系バカ』竹内薫　嵯峨野功一構成　PHP新書

174『宇宙１００の大誤解』N・カミンズ　加藤賢一・吉本敬子訳　講談社ブルーバックス

175『系統樹思考の世界』三中信宏　講談社現代新書

176『自己組織化とは何か　第２版』江崎秀ほか　講談社ブルーバックス

177『**人体常在菌のはなし——美人は菌でつくられる**』　青木皐　集英社新書
178『**生命を捉えなおす——生きている状態とは何か**』　清水博　中公新書
179『**ファラデーとマクスウェル**』　後藤憲一　清水書院

現代人にとってもうひとつの不可欠の教養アイテムはサイエンスなのに、日本人はサイエンスを知らなすぎる。せめてもう少し知るべきと思って、いろんなジャンルの読みやすい入門書を選んでみた。手にとってみれば、結構面白いということがわかるはず。また科学にもわからないものが沢山あるということがわかるはず。

●哲学・思想

180『**人はなぜ戦争をするのか　エロスとタナトス**』　フロイト　中山元訳　光文社古典新訳文庫
181『**フロイト＝ユンク往復書簡（上・下）**』　W・マクガイアー、W・ザウアーレンダー編　金森誠也訳　講談社学術文庫

私はフロイトに関しては、複雑な感情を持っている。学生時代、フロイトの『精神分析入門』は当時の学生の必読文献視されていたから、むさぼるように読んだ。面白かった。当時、

フロイトは心理学の世界で最大の権威とされていたから、彼の理論を疑う人は誰もいなかった。少なくとも学生の分際では。学生はみなただただありがたがって、フロイト理論を丸ごと覚えこんで、自分でもそれをふりまわしてみせたがるのが常だった。

しかし、そのうち、フロイトのいっていることを疑う心がめばえてくると、何もかもこれはこじつけにすぎないのではと思うようになった。少なくとも、こんなものは科学の名に値しないのではと思うようになった。精神分析の世界にはさまざまの流派があって、流派がちがうと、同じ現象を説明するのにも、一八〇度ちがう説明のつけ方がなされるものだということがわかってくると、精神分析学はエセ科学としかいいようがないと思うようになった。真の科学は普遍的であるべきであって、流派によって真理の中身がちがってくるなどということがあってはならないと思ったからだ。

いまはどう考えているかというと、理論に普遍性を求めるのは自然科学だけで、文科系の学問にはもともと普遍性など存在せず、みんな自分こそ正しいと思うことを勝手にわめき合っているだけなのだということがわかってきた。そう思うと、フロイトの主張も、それが普遍的真理かどうかなどあまり気にせず、ちがう作家の文学作品や音楽作品、美術作品をそれぞれ楽しむように楽しめばいいのだと割りきって楽しめるようになった。科学としてはエセ科学でも、面白くて楽しめるエセ科学があるものだと思えばいいのである。

フィクションをノンフィクションと思いこむと怒りもわくが、それがフィクションだとわかっていれば、それなりに楽しめるわけだ。そういう意味で、『人はなぜ戦争をするのか　エロスとタナトス』などは、傑作である。それなりにもっともらしい。「エロス」と「タナトス」というコンセプトを知っておくと便利。

『フロイト＝ユンク往復書簡』は、精神分析の世界の二大教祖がそのもっともらしい学問をつくっていく過程で、本当に直接交し合った書簡そのものなのだから、きわめつけに興味深い。よくぞこんなものが掘り出されたものと思う。精神分析学のメイキング・オブが教祖の肉声を通じてわかってくる。

大真面目にフロイトの精神分析学を信じこんでいる人にぜひすすめたいのは、『フロイト先生のウソ』（文春文庫）。この本を最初に紹介したのは、実は「文藝春秋」二〇〇七年一月号の「セックスの神秘を探る10冊」においてで。この一文は、全体が面白いから、三二二〜三二六ページに丸ごと紹介しておく。

182 **『パース』**　岡田雅勝　清水書院

プラグマティズムではいちばん知られていない人だが、実はいちばん重要な人。

183 **『この哲学者を見よ——名言でたどる西洋哲学史』** ピエトロ・エマヌエーレ 泉典子訳 中公文庫

哲学なんてあんまり興味を持たなかった人にすすめたい。

●死

184 **『百万回の永訣——がん再発日記』** 柳原和子 中公文庫

いまや二人に一人ががんにかかり、三人に一人ががんで死ぬ時代。いつかがんは自分に、あるいは自分の周辺の人間におそいかかってくる。四十七歳のとき卵巣がんにおそわれた医療ジャーナリスト柳原は、自らの体験をもとに『がん患者学（I〜III）』(中公文庫）を書く。手術が成功し、五年生存もクリアして安心しきっていたときに、突然再発。二度にわたる再発に苦しめられ、こう書く。

「抗がん剤が効かなければ数ヵ月、うまく効いて二年……。

おおかたの医師たちが予想したわたしに残されている時間である。限られた時間を、しかも死ぬまでに必ずある期間は苦しむ、という結末が見えている時間をどのように生きるか？

治るなら、医療を疑うことなく、従ってもいい。

治らないなら、医療からは自由でありたい。
できるなら医療と無縁に暮らし、死んでゆきたい。
治療法（＝医師、病院）の選択は即、わたしの人生の選択だ」
「そして、ある瞬間、突然、閃いた。
とりあえず、今日一日、と。
一年、半年ののちを考えるのを今日限りやめにしよう。
今日一日のことだけを考えよう」

185 **『「死ぬ瞬間」をめぐる質疑応答』** エリザベス・キューブラー・ロス　鈴木晶訳　中公文庫
死の問題を考え抜いた人がごく普通の市井の人のあらゆる疑問に懇切に答えてくれるから、死の問題を考えるのに最適。

●仏教

186 **『日本奇僧伝』** 宮元啓一　ちくま学芸文庫

187 **『名僧列伝（一〜四）』** 紀野一義　講談社学術文庫

日本仏教も独特の面白さを持っているから、まずは人物伝からのぞいてみるのがよい。

188 **『理趣経《りしゆきよう》』**　松長有慶　中公文庫ＢＩＢＬＩＯ

理趣経は、密教最高の経典といわれるが、その最重要の一句に、「いわゆる妙適清浄《みようてきしようじよう》の句、是れ菩薩《ぼさつ》の位《くらい》なり」というくだりがある。妙適とは、男女合体のよろこびを指し、このくだり直訳すれば「男女の合体のよろこびは清浄である」となる。「慾箭《よくせん》、清浄《しようじよう》の句、是れ菩薩《ぼさつ》の位《くらい》なり」「觸、清浄《しようじよう》の句、是れ菩薩《ぼさつ》の位《くらい》なり」「愛縛、清浄《しようじよう》の句、是れ菩薩《ぼさつ》の位《くらい》なり」と、以下、見、適悦、愛、慢など、十七の行為をいずれもそれは清浄であり、それは菩薩の位であるとする表現がつづく。このくだり、直訳すれば、性的よろこびを全面肯定するくだりと読むことができ、実際、

「インドの注釈書の中にはすべてをセックスの意味にとる理解もあり、それに従えばつぎのようになります。『慾箭、清浄の句、是れ菩薩の位なり』。慾箭とは欲望の矢で、矢は速くとびますから、男女の欲望の起こるのは矢のように速い。そういう男女の欲望が速く起こるということは清浄であって、これは菩薩の位であると解釈します。

つぎの『觸』とは触れること、男女の間で触れることも清浄であって、これも菩薩の位である。

『愛縛』とは、お互いに結びつきあい、縛にあったように離れがたくなる、これも清浄である」

としているものもある。

しかし、日本ではこのくだり、必ずしもそのようには解釈されてこなかった。解釈されないどころか、そもそも、この部分は秘密経典として公開されないできた。最初に理趣経を日本に伝えたのは、空海だが、空海がこの経典をもち帰ったことを知った最澄が、それを借覧したいと申し入れたところ、空海がそれを拒絶したため、両者が不仲になったという有名なエピソードがある。この秘密部分を、「婬欲即是道」の立場に立って「男女の交りこそ即身成仏の要諦」と教え、インド伝来の男女合体尊の前で、信者たちに男女入り乱れて乱交を奨励したとされる左道密教が江戸時代に一部で広がったともいわれている。

本書はこれらの性的表現はあくまでも宗教的比喩であるという立場に立って、では、これらの章句において本当にいわんとしていたことは何であるかを説いていく。

●趣味の本

189 **『詩を読む―詩人のコスモロジー』** 谷川俊太郎　詩の森文庫

190 **『詩的自叙伝—行為としての詩学』**　寺山修司　詩の森文庫

いくつになっても、詩心を失わない人間でありたいと思う。

この二人の詩は昔から愛読している。二人の著作はほとんど持っている。二人とは個人的な知り合いでもある。この二冊が二人のベストというわけではない。もっともっといい詩が山のようにある。こういう本で二人の世界にちょっとでもふれて、心ひかれるところがあったら、もっと別の本を手にとることをすすめる。

191 **『異端教祖株式会社』**　ギヨーム・アポリネール　窪田般彌訳　白水Uブックス

アポリネールは、一般には、シャンソン「ミラボー橋の下をセーヌが流れる」の作詞者として知られるが、二十世紀初頭、勃興期のフランス・シュールレアリスムを代表する詩人。ピカソの友人でもあり、マリー・ローランサンの恋人でもあった。あふれるほどの才能を持ちながら、第一次大戦に従軍して、砲弾の破片を頭に受け、手術して間もなく大流行のスペイン風邪にかかって死んだ。

アポリネールは詩人であるとともに、独特の短篇小説の名手でもあった。その特異な才能は、この一冊におさめられた一連のなんともいえない不思議な短篇小説を一篇でも読んでみればわかる。

私が大学一年のとき、、フランス語の授業で読まされたのが、この中の「贋救世主アンフィオン」だった。この作品に魅せられて仏文科に進学することにした。それで後に知ることになるが、アポリネールは、この時代、好色本を沢山書いたり、その秘密出版をしたりしており、その世界でも有名である。なかでも有名なのが、「一万一千の鞭」と「若きドン・ジュアンの冒険」。日本語訳も何度かなされているから、インターネットの古本屋のサイトで探せば見つかる。そちらのほうでもアポリネールの文才はいかんなく発揮されている。

192 **『宮沢賢治全集（7、8巻）』** 宮沢賢治　ちくま文庫

193 **『謎解き・風の又三郎』** 天沢退二郎　丸善ライブラリー

宮沢賢治の童話は、近代の日本語で書かれた散文の中で最もすばらしいものの一つ。とりわけ、この全集7巻、8巻は童話の傑作がぎっしりつまっている。

7巻におさめられた「風の又三郎」は、誰でも知っている傑作の一つだが、天沢退二郎『謎解き・風の又三郎』は、実は宮沢賢治が「風の又三郎」という童話を書いたことは一度もない、というところから議論をはじめている。それはどういうこと？

194 **『ハリウッド100年史講義—夢の工場から夢の王国へ』** 北野圭介　平凡社新書

195 **『象は世界最大の昆虫である　ガレッティ先生失言録』**　ヨハン・ゲオルク・アウグスト・ガレッティ　池内紀編／訳　白水Uブックス

196 **『二十世紀を騒がせた本』**　紀田順一郎　平凡社ライブラリー

どれも面白いだろう。

●マンガ

197 **『宮崎駿の〈世界〉』**　切通理作　ちくま文庫

198 **『ぜんぶ手塚治虫！』**　手塚治虫　朝日文庫

199 **『マンガの深読み、大人読み』**　夏目房之介　知恵の森文庫

200 **『つげ義春コレクション（全9巻）』**　つげ義春　ちくま文庫

私は、バカ丸出しとしかいいようがない麻生前首相の言うこと為すことのすべてに批判的だったが、日本のアニメとマンガは日本が世界に誇るべき文化資産とみなすべきだという見方は正しいといまでも思っている。ということで、もっとよくその世界を知るためにこんなものをあげてみた。特別の説明はいらないだろう。

●付録・立花隆選・セックスの神秘を探る十冊

①**『人間と動物の性行動』**　C・S・フォード他　新思潮社
②**『ヴァギナ』**　C・ブラックリッジ　河出書房新社
③**『ファロスの神話』**　アラン・ダニエルー　青土社
④**『性という［饗宴］』**　伏見憲明　ポット出版
⑤**『ヘンタイの理論と実践』**　仲西敦　三才ブックス
⑥**『何が彼女をそうさせたか』**　本橋信宏　バジリコ
⑦**『200人の女のクリトリス絶頂体験』**　三井京子　データハウス
⑧**『フロイト先生のウソ』**　ロルフ・デーゲン　文春文庫
⑨**『X染色体』**　D・ベインブリッジ　青土社
⑩**『性とはなにか』**　リン・マーギュリス、ドリオン・セーガン　せりか書房

私がはじめてセックスというものに目を開かれた思いがしたのは、ヴァン・デ・ヴェルデの『完全なる結婚』でもなければ、『キンゼー報告』、『マスターズ&ジョンソン報告』、『ハイト・レポート』でもない。C・S・フォード他『人間と動物の性行動』（新思潮社）である。この

本は絶版だが、古本屋で二千〜四千円で入手可だ。この本は、動物行動学と文化人類学の研究にもとづいて、数十種類の哺乳類と、百九十種にわたる民族の性行動を多くの図版入りで詳しく記した本だ。そこまで視野を広げると、それまでセックスとはこういうものだと思っていた常識が片端から打ち砕かれる思いがした。

セックスを知るには、あらゆる意味において、その多様性において知ることが重要だ。その意味で、C・ブラックリッジ『ヴァギナ』（河出書房新社）はすぐれた女性器の解説書だ。この書にはヒトだけでなくナンキンムシやハイエナのヴァギナまで紹介されている。ヒトのヴァギナについてはあらゆる解剖学的、性科学的事実が紹介されている。あらゆる文化と歴史におけるヴァギナの諸相も紹介されていて、自分がどれほどヴァギナ知らずでいたか思い知らされるだろう。

ヴァギナときたらペニスだろうが、ここではアラン・ダニエルー『ファロスの神話』（青土社）を紹介しておく。先史時代から今日にいたるまで、世界中あまねく広まっている男根信仰の諸相を豊富な図版とともに解説。

なんといってもセックスで面白いのは、現代人の性行動の多様性を知ることだが、それを一挙につかめるのが、伏見憲明『性という［饗宴］』（ポット出版）。ヤリマン身障者芸人、フィストファック実践者、ゲイ、トランスベスタイト、風俗マンガ家、さまざまなオタク、老人施設の性生活研究者などなど、数十人のそれぞれにちがう世界で性にかかわっている人たちとの対談集。興趣がつきない。

オタクの世界をもう一歩すすめるとヘンタイになる。「学校では教えてくれない21世紀の明るい性教育」と銘打たれた仲西敦『ヘンタイの理論と実践』（三才ブックス）は、現代の青少年はこんなところまでススンデしまっているのかと、オジさんたちには驚きの連続の本だ（図解、写真、データ多数）。

オジさんたちには、クラシックな三業地の人妻ホテトルの世界のほうが安心できるかもしれない。

本橋信宏『何が彼女をそうさせたか』（バジリコ）は、ある三業地で、人妻ホテトル嬢を次々に二十人も呼んでは話を聞いた体験記。人妻ホテトル嬢といっても、年齢は二十五歳から七十四歳まで。彼女たちのさまざまの人生（性生活）と、客たちの性生活の諸相が面白い。客にはサド、マゾもいるが、マザコン、ババコンもいる。七十四歳のホテトル嬢についた客は、青春期の体験からお婆ちゃんにしか感じなくなった人で、「いく瞬間、『お婆ちゃん』て叫ぶ」のだそうだ。

性行為そのものの実技的体験集としては、三井京子『200人の女のクリトリス絶頂体験』（データハウス）が、文章は少々下品だが、情報量抜群。「取材してみて、女の性的趣向が劇的に変貌を遂げ、（現代女性の）クリトリスが超過激になっていることがわかりました」というが、なるほどすごい。

セックスの理論というと、フロイトの名がすぐ頭に浮ぶ人が多いかもしれないが、私はフロイト理論は基本的にまやかしと思っている。むしろ、ロルフ・デーゲン『フロイト先生のウソ』（文春文庫）のほうをおすすめしておく。フロイト理論に幻惑されていた人は眼からウロコの思いがするだろう。しかし、フロイト理論のすべてが誤りではない。精神分析治療の具体例を集めた、J・グレンマレン『セックスの邪魔をするやっかいな記憶たち』（白揚社）を読めば、それがうまくあてはまる症例もあることはあるということがわかる。

セックスは男と女があってはじめて成立する。だが、男とは何か、女とは何か、なぜ男と女があるのか。そこを教えてくれるのが、D・ベインブリッジ『X染色体』（青土社）とS・ジョーンズ『Yの真実』（化学同人）だ。どちらもそれぞれにすぐれた解説書だが、『X染色体』を先に読んだほうがよい。性というものの秘密を人類が知るまでの苦闘の経過がよくわかる。

性とは何かを科学的にその本質において、見事な文章で伝えてくれるのが、名著『性とはなにか』（せりか書房）だ。著者のリン・マーギュリスとドリオン・セーガンは、あの『コスモス』で有名なカール・セーガンの元奥さんと息子だ。「セックスは青年に、反抗心と狂おしい嫉妬とロマンチックな空想と無謀な賭けと、そして赤ん坊をもたらす。私たちの一生にとってセックスはなぜこうも強く、しかも不思議な力となるのであろうか？」

（「文藝春秋」二〇〇七年一月号、「文春・夢の図書館」より収録）

立花　隆（たちばな たかし）

1940年長崎県生まれ。64年東京大学仏文科卒業。㈱文藝春秋を経て東大哲学科に学士入学。74年「田中角栄研究」を「文藝春秋」誌上に発表。『宇宙からの帰還』（中央公論新社）、『臨死体験』『天皇と東大』（文藝春秋）、『中核VS革マル』（講談社文庫）など著書多数。2021年4月逝去。

佐藤　優（さとう まさる）

1960年東京都生まれ。作家・元外務省主任分析官。同志社大学大学院神学研究科修了。著書に『国家の罠』（新潮社、毎日出版文化賞特別賞）、『自壊する帝国』（新潮社、新潮ドキュメント賞と大宅壮一ノンフィクション賞）、『人間の叡智』（文春新書）など。

文春新書

719

ぼくらの頭脳《ずのう》の鍛《きた》え方《かた》——必読《ひつどく》の教養書《きょうようしょ》400冊

2009年10月20日　第1刷発行
2021年7月5日　第17刷発行

著者　立花　隆
　　　佐藤　優
発行者　大松芳男
発行所　株式会社 文藝春秋

〒102-8008　東京都千代田区紀尾井町3-23
電話（03）3265-1211（代表）

印刷所　理想社
付物印刷　大日本印刷
製本所　大口製本

定価はカバーに表示してあります。
万一、落丁・乱丁の場合は小社製作部宛お送り下さい。
送料小社負担でお取替え致します。

ISBN978-4-16-660719-8

文春新書好評既刊

亀山郁夫・佐藤　優
ロシア　闇と魂の国家

ドストエフスキーからスターリン、プーチン、メドヴェージェフまで、ロシアをロシアたらしめる「独裁」「大地」「魂」の謎を徹底議論

623

新共同訳　佐藤　優解説
新約聖書Ⅰ

一度は読んでみたいと思っていた人。途中で挫折した人。この新書版聖書なら、佐藤優氏のガイドによってキリスト教の全てが分かる

774

新共同訳　佐藤　優解説
新約聖書Ⅱ

Ⅱ巻では、現在の世界の混迷を予言したかのような「ヨハネの黙示録」までを収録。人類最大の物語を佐藤優氏のナビゲートで読み解く

782

佐藤　優
人間の叡智《えいち》

世界はすでに「新・帝国主義」で再編中だ！　ＴＰＰでの日本の巻き返し策から、就職活動で目指すべき分野まで、役に立つ世界情勢論

869

文藝春秋編
東大教師が新入生にすすめる本

十年間にわたる東大教師へのアンケートをもとに構成されたブックガイドの決定版！　百八十人の研究者たちの知の蓄積を一挙公開‼

368

文藝春秋刊